黄浦江水岸旅游导览

上海市旅游局　编

北京时代华文书局

图书在版编目（CIP）数据

黄浦江水岸旅游导览 ／上海市旅游局编 ．－－北京：北京时代华文书局，2017.12
ISBN 978-7-5699-2079-6

Ⅰ．①黄… Ⅱ．①上… Ⅲ．①旅游指南－上海 Ⅳ．K928.951

中国版本图书馆 CIP 数据核字（2017）第 314885 号

黄 浦 江 水 岸 旅 游 导 览
Huangpujiang Shuian Lüyou Daolan

编　　　者 ｜ 上海市旅游局

出 版 人 ｜ 王训海
选题策划 ｜ 潘　莉
项目统筹 ｜ 高　磊
责任编辑 ｜ 程　鹃
手绘图绘制 ｜ 杨啊喵
封面设计 ｜ 孙丽莉
版式设计 ｜ 段文辉
责任印制 ｜ 刘　银　范玉洁

出版发行 ｜ 北京时代华文书局 http://www.bjsdsj.com.cn
　　　　　北京市东城区安定门外大街 138 号皇城国际大厦 A 座 8 楼
　　　　　邮编：100011　电话：010-64267955　64267677
印　　刷 ｜ 北京盛通印刷股份有限公司　　电话：010-52249876
　　　　　（如发现印装质量问题，请与印刷厂联系调换）
开　　本 ｜ 655mm×955mm　1/16　印　张 ｜ 17　字　数 ｜ 211千字
版　　次 ｜ 2018 年 1 月第 1 版　　印　次 ｜ 2018 年 1 月第 1 次印刷
书　　号 ｜ ISBN 978-7-5699-2079-6
定　　价 ｜ 88.00 元

《黄浦江水岸旅游导览》编撰委员会

主　任：徐未晚
副主任：杭春芳　吴建国　丁振文
编　委：王红平　张枝俏　朱国建　潘　莉
　　　　何　玲　刘　镇　陈　亮　张　昕

《黄浦江水岸旅游导览》编撰专家组

主　编：姚明广
主　审：潘信耀
编　者：姚明广　潘信耀　范能船　忻士浩
　　　　徐大鸣　唐由庆　唐国良　寿家磊

视觉中国／供图

序

　　黄浦江，一条镌满经典与回忆的母亲河，孕育了两岸的商业繁华、见证了城市的历史变迁、造就了"东方之珠"的独特气质，更承载着上海迈向世界城市的沉厚底蕴。

　　自1843年上海开埠以来，缓缓流淌的黄浦江便在润物无声中滋养着城市的发展：她目睹过中华民族红色革命的星星之火，众多无私奉献的产业工人在这里留下红色印记；她推动着中国近代工业的发祥，民族资本主义经济在这里萌芽成长，曾经的小渔村跃升为亚洲最繁荣的港口和最具经济活力的城市；她更是海派文化的发源地，两岸文化遗存是穿越时空的天然历史博物馆，默默讲述着这里的百年沧桑、风云轶事。

　　曾经，"临江不见江"成为上海之痛，厂房仓库、装卸码头、修造船基地占据了黄浦江两岸。"还江于民、还岸线于民、还景于民"，是上海市民与海内外游客的呼声，更是上海市委、市政府的郑重承诺。秉承"百年大计、世纪精品"的理念，黄浦江两岸开发开放与上海建设"卓越的全球城市"的愿景相适应、与人民对美好生活的需求相吻合、与打造黄浦江水岸旅游的品牌相联动，要努力建成活力动感、绿色生态、舒适便捷的世界一流滨水公共开放空间。一个更开放的浦江、更绿色的水岸、更人文的滨水空间，赋予了黄浦江新的标签——"45公里漫步"将成为上海向全世界展示城市发展的新舞台。

"沪上满目皆美景，浦江两岸看不够"。伴随着黄浦江两岸的开发建设，上海旅游人正在积极行动。在2016年底发布的《上海市旅游业改革发展"十三五"规划》中，上海市旅游局提出，要围绕"本土第一、世界精品"的目标，推动水陆联动，将黄浦江建成世界级滨水文化带和彰显上海历史文化内涵、全球城市形象的都市旅游名片。荟萃城市景观精华的黄浦江水岸旅游是上海的经典旅游项目，未来我们将全面拓展黄浦江游览空间，制定实施《黄浦江游览空间布局专项规划》，优化旅游码头规划布局，将黄浦江游览核心区域延伸至徐浦大桥至复兴岛区域，实现黄浦江岸线全面贯通；挖掘整合黄浦江地域文脉、历史沿革和人文资源，推进水岸线路互动的旅游产品开发，建设沿江景观绿化（灯光）带、特色旅游观光带，打造旅游休闲区，构建两岸水陆旅游体系；加强黄浦江游览的品牌宣传推广，整体策划旅游形象，力争将其打造为来沪游客"必看、必游"项目，扩大影响力；完善行业经营标准和导游讲解服务规范，以智慧旅游服务为平台，以旅游信息、旅游交通、旅游安全、旅游便民惠民为重点，全面提升黄浦江游览服务能级。力争到2020年游客接待量翻番，达到600万人次，将黄浦江游览打造成世界级的旅游精品。

作为市政府关于黄浦江两岸公共空间贯通开放的配套工作，上海市旅游局围绕要把黄浦江水岸游览打造成为"本土旅游第一品牌，世界著名旅游城市精品项目"和"上海城市名片"的新定位，拟制黄浦江游览水陆联动方案，并积极开展了《黄浦江水岸旅游导览》的编撰工作。编写本书的主旨，不仅在于更好地讲述黄浦江两岸景观的历史变迁和人文轶事，演绎上海百年历史，凸显上海作为世界著名旅游城市的独特魅力，为广大市民游客欣赏上海之美、畅享美好生活提供一些资料与信息；同时本书也将成为包括导游在内的全市旅游从业人员更好地了解上海历史文脉、黄浦江水岸旅游，提升上海旅游宣传、讲解服务水准的学习素材，为旅游从业人员学习了解上海旅游经典景区与新景观助一臂之力。

在逐梦浦江的新时代，在党的十九大精神指引下，筚路蓝缕、夙兴夜寐，沪上旅游人正在为了建设具有全球影响力的世界著名旅游城市的辉煌梦想挥洒热血、奉献智慧。愿这本书的问世，能激励广大上海旅游人勤学博览、砥砺奋进！愿上海旅游业的明天更加璀璨精彩、魅力四射！

视觉中国／供图

目录

一

上海概况

上海东临东海，南接杭州湾，西与浙江、江苏两省接壤，北界长江入海口，地处长江三角洲冲积平原的最东端，正当我国南北弧形海岸线的中点。总面积6340.5平方千米，常住人口2400多万，现下辖16个区。

上海地势坦荡低平，地形呈东高西低之状。除西南部有佘山、天马山和辰山等少数丘陵山脉外，大多为平原，平均海拔高度4米左右。南部海域上有位于杭州湾北部金山区境内的"金山三岛海洋生态自然保护区"，即大金山岛、小金山岛和浮山岛，也是上海市的第一个自然保护区。大金山岛主峰高103.4米，是上海境内最高点。上海境内河港密布，连接成网，主要河流有黄浦江和苏州河。长江入海口处有崇明岛、长兴岛和横沙岛等面积较大的岛屿。上海的气候属北亚热带季风气候，温和湿润，光照充足，降水丰沛，四季分明。全年60%以上的雨量集中在5至9月的春雨、梅雨和秋雨三个雨期。

上海市市花为白玉兰，花朵大而洁白，朵朵向上，象征一种开路先锋、朝气蓬勃、奋发向上的精神。上海市市标是以白玉兰、沙船和螺旋桨三者组成的三角形图案。三角图形似轮船的螺旋桨，象征着上海是一座不断前进的城市；图案中心扬帆出海的沙船，是上海港最古老的船舶，象征着上海是一个历史悠久的港口城市；沙船的背景是迎着早春盛开的白玉兰，展示了城市的勃勃生机。

上海是一座历史悠久的文化名城。据青浦区崧泽古文化遗址考证，上海已有6000多年的历史。春秋时期，相传吴王喜狩猎，在今松江一带建华亭，作为贵族的馆舍。战国时期，楚孝王封楚相黄歇为春申君，上海地区曾是他的封地，故上海别称"申"。当时的上海是一个沿海渔村，人们以捕鱼为生，"沪"是上海先民创造的一种捕鱼的工具，故上海简称"沪"。唐天宝十年（751年），设华亭县（即今上海市松江区境内），县境东北的华亭海，即今上海中心城区，"华亭海"就成为上海最早的名称。南宋咸淳三年（1267年）设上海镇，这是上海地名的由来。元至元二十九年（1292年）设上海县，上海建城肇始于此，距今有700多年的历史。明嘉靖三十二年（1553年）上海县修筑城墙，有效抵御沿海倭寇的掠扰。清乾隆（1736—1796年）、嘉庆（1796—1821年）年间，上海逐渐成为中国的贸易大港和漕运中心，被誉为"江海之通津，东南之都会"。1840年，鸦片战争揭开了中国近代史的序幕。1843年11月17日，上海对外开埠。1845至1849年间，英、美、法等国相继在上海设立租界，开始实行殖民统治长达近一个世纪。1905年同盟会上海分会成立后，上海发生过多次反清斗争，动摇了封建统治。

　　上海是一座具有光荣革命传统的城市。1921年7月23日，中国共产党在上海诞生，开辟了中国革命的新纪元。1925年"五卅"运动掀起全国人民反帝斗争新高潮。1926年至1927年，为配合北伐战争，上海工人举行了三次武装起义。1932年1月28日至3月3日，上海发生了"一·二八事变"，即中国军队抗击侵华日军进犯上海的作战。1937年"七·七事变"后，日本侵略军为了占领中国的经济中心，迫使国民政府投降，于8月13日大举进攻上海，中国守军奋起抵抗，淞沪抗战爆发。"八·一三事变"是中日战争中淞沪会战的开端和导火线，淞沪会战彻底打压了日本"三个月灭亡中国"的嚣张气焰。1949年5月12日，中国人民解放军第三野战军主力胜利渡过长江后，对国民党军重兵据守的上海市进行城市攻坚战，解放军发动了以消灭汤恩伯主力、解放大上海为目的的"上海战役"。1949年5月27日，上海国民党守城部队投降，上海彻底解放，从此上海历史翻开了崭新的一页。

　　上海是我国最大的经济、商业中心，又是港口城市和外贸口岸。1990年4月18日，党中央宣布开发开放浦东，给了上海更新、更大的发展机遇。2010年上海成功举办世博会，加速了其迈向世界级城市行列的进程。2013年8月中国（上海）自由贸易试验区（简称上海自贸区）成立，以及2014年12月上海自贸区的扩容，又为上海的经济再一次注入了前所未有的活力。如今的上海，经济发达，交通便利，高架、隧道、轨交、磁悬浮一应俱全。虹桥和浦东两个国际机场犹如上海腾飞的两翼。铁路客运站有上海站、上海南站和上海虹桥站，坐落在浦西的虹桥枢纽有国内最大的铁路客运站连接着虹桥国际机场。更有目前世界上唯一一条投入商业运营的高速（最高速度可达431千米/小时）磁悬浮列车线路从市区通向浦东国际机场。市内十余条已经开通的轨道交通四通八达，吴淞口、洋山深水

视觉中国／供图

港等大型上海港国际客、货运码头连接世界。

　　上海是一座优秀的旅游城市。外滩、豫园、南京路、新天地、陆家嘴、五角场、世博园、迪士尼等构成了上海"都市型旅游"不可或缺的珍贵资源。进一步深化都市旅游内涵，创新推进全域旅游发展，将上海建设成为具有全球影响力的世界著名旅游城市，是上海旅游业在"十三五"期间的发展目标。上海因受外来文化的影响，特别是1843年开埠后，随着外来移民的增多，古老与时尚、传统与现代、物质与精神、东西方文明不断碰撞与融合，逐渐形成了其独特的海派文化和"海纳百川、追求卓越、开明睿智、大气谦和"的城市精神。如今的上海正以其兼容并蓄、优雅迷人的气质迎接着八方来客。

　　步入2018年，上海正在全面深化自由贸易试验区改革，加快推进国际经济、金融、贸易、航运、科技创新中心建设，努力向着创新之城、人文之城、生态之城，卓越的全球城市和社会主义现代化国际大都市目标奋进。

视觉中国／供图

视觉中国／供图

二

黄浦江游览

　　黄浦江是上海最大的一条河流，也是长江入海前的最后一条支流。它发源于青浦区的淀山湖口淀峰，全长113.5千米，贯穿上海市，流经外白渡桥处接纳苏州河（吴淞江）至吴淞口注入长江。明代，民间已有"陆家嘴上看潮头"之谚语，清代"黄浦秋涛"为"沪城八景"之一，农历八月十八在陆家嘴可见"银涛壁立如山倒"之景。黄浦江作为上海的母亲河，不仅是上海灿烂文化的象征，也是上海历史的见证。

　　《尚书·禹贡》中有"三江既入，震泽底定"的记载。三江即东江（后注入黄浦江）、松江（吴淞江）和娄江（浏河），震泽是太湖的古称。战国时期，楚孝王封黄歇为春申君，"古扬州"（今江苏省全部和浙江省北部）是他的封地。春申君十分重视江南水利建设，率领百姓开凿大河，治理水患，故有"春申理水"之说。

　　明朝初年，因吴淞江淤浅严重，黄浦口淤塞不通。永乐元年（1403年），户部尚书夏原吉采纳叶宗行（明代水利专家，今上海闵行区浦江镇召稼楼设有叶宗行纪念馆）建议，征用民工20万，疏浚上海县城东北的范家浜（即今黄浦江外白渡桥至复兴岛段），汇并吴淞江，接通上海浦，使黄浦江、吴淞江得以汇流，即从今复兴岛向西北流至吴淞口注入长江，而原来的吴淞江反而成了黄浦江的支流，史称"黄浦夺淞"。

　　如今，从浦东看浦西，万国建筑，海派经典；从浦西看浦东，摩天览胜，时代华章；从两岸看河上，百舸争流，大桥飞架；从河上看两岸，旧貌新颜，穿越时空。黄浦江作为上海的母亲河，连接起这座城市的过去与未来、经典与时尚、传统与现代。黄浦江闲适、自然的水域风光和两岸鳞次栉比的人文建筑景观荟萃都市景观精华，构成了韵味独特的上海都市风貌。黄浦江上白天百舸争流，汽笛悠扬，海鸥追逐船只，自由飞翔；夜晚夹岸华灯霓裳，如梦如幻，伴着夜上海的优美旋律，一幅独具魅力的画卷展现在世人面前。黄浦江好比一片流动的5A级景区，两岸承载着上海历史文化遗产和改革开放变迁，不仅是游览上海的最佳窗口，也是了解上海过去、现在与未来的最好途径。

说到黄浦江游览，最先承担黄浦江两岸摆渡之举的是黄浦江上的船民，当时称为"民渡"。清乾隆年间，鉴于"民渡"力量单薄，上海的半官方民间慈善团体——同仁辅元堂，集资创办了董家渡到塘桥的"义渡"，更换船只，重修码头，并规定了船只、乘客数量。清宣统元年（1909年），浦东塘工善后局租赁了一艘外国火轮，临时租借"铜人码头"（原北京路到南京路之间的外滩码头）定时往来于浦江两岸，由载物而载人。到1911年就正式开办了"铜人码头"到浦东东沟的对江轮渡。这就是上海市最早的浦江轮渡。起先轮渡所用轮船都是租来的，1912年开始定购"公益"轮一艘。1922年又添置"公安"轮一艘。在此期间还陆续添设了"公利"、"公济"、"公道"等大小轮船7艘，其他快船、舢舨3艘。还在外滩自建轮渡码头，行驶浦东东沟、庆宁寺、西渡各地。

1931年8月，上海市轮渡管理处成立，轮渡航线不仅得以增加，还专门开通了"乘凉夜班"，即"浦江夜游"。轮渡管理处在盛夏季节拨出渡船，于晚间搭客在外滩与吴淞口之间往返。夜游船上出售各种饮料，播放无线电广播电台的音乐助兴，有时还在船上放电影，受到上海市民的欢迎，生意十分兴隆。抗战爆发后，"浦江夜游"中断。抗战胜利后，市公用局设立轮渡公司继续经营，业务有所发展，但"浦江夜游"则始终未曾

恢复。改革开放后，黄浦江游览作为上海都市旅游业的一张水上旅游名片取得了突飞猛进的发展，如今已有34艘游船每天为中外游客提供观光、休闲、餐饮、会展、商务和婚典服务。

黄浦江穿城而过，把中心城区分成了浦东和浦西两个部分，如何跨越黄浦江，一直是上海人的困惑。半个多世纪前，茅以升、赵祖康等专家付出大量劳动和心血，提出了三种可供选择的越江工程方案：活动桥、高架桥、江底隧道。如今，流经上海市的黄浦江段共建有大桥12座，位于中心城区的大桥主要有徐浦大桥、卢浦大桥、南浦大桥和杨浦大桥4座；从徐浦大桥到吴淞口，已经开通的隧道有14条：依次是上中路隧道、龙耀路隧道、打浦路隧道、西藏南路隧道、复兴东路隧道、人民路隧道、延安东

视觉中国／供图

路隧道、外滩观光隧道（非公路）、新建路隧道、大连路隧道、军工路隧道、翔殷路隧道、长江路隧道和外环路隧道等。在此区域内，如果加上轨道交通4号线2条，2号、7号、8号、9号、11号、12号、13号和18号（在建）线各1条，穿越黄浦江的轨道交通隧道有10条，共有24条隧道。这种自下而上、"三位一体"的交通格局把浦东和浦西紧密地联系在一起。

上海的黄浦江游览具有极佳的游江条件与浓厚的沿江历史文化积淀，与世界上许多著名旅游城市的水上观光游览项目，如伦敦泰晤士河、巴黎塞纳河、纽约曼哈顿环岛游等相比，也毫不逊色。黄浦江游览目前已有9家游船企业，34艘游船，共1.1万多客位，每年接待游客约300万人次。沿江设有游船码头5个：十六铺一期、秦皇岛路、其昌栈、东方明珠和世博白莲泾码头；游览线路以南浦大桥、杨浦大桥之间往返的短程游览为主，白天和夜晚多个时段都有游程安排。一艘艘游船在上海的母亲河游弋，成为黄浦江上流动的风景线。饱览黄浦江两岸美景的最佳地点，就在游船上。云淡日丽，江风拂面，徜徉在黄浦

江心，两岸造型优美、风格迥异的建筑逐一跃入眼帘，宛若凝固的音符，轮廓雄浑，气质雍容。黄浦江像一条连接城市旧与新、传统与现代的交接线。西岸百年经典凝重而立；东岸新锐建筑拔地而起，形成强烈的反差美。游船行至吴淞口时还可以看到著名的"三夹水"：这里是长江入海口，滚滚的长江水是浑黄色的，南来相汇的黄浦江水是青黑色的，而涨潮时，从东边涌来的海水是青绿色的。三股水颜色不同、泾渭分明，在阳光的照射下更加明显，堪称自然奇观。

近年来，伴随着滨江岸线的逐步贯通，又涌现出众多新的标志性景观。游览浦江的客人越来越多，散客占比逐年提高，需求日益多样，消费能力持续提升，黄浦江游览迎来了转型升级的良机。在上海最新的黄浦江开发规划中，拟新建十六铺二期码头，迁（扩）建东方明珠码头，并计划向黄浦江上下游再新增时尚中心、徐汇梦工厂等8个游船码头。游览线路由目前的经典线路即在南浦大桥和杨浦大桥之间的定时常规游览线路和不定时的定制游览线路，逐步发展到短程（杨浦大桥—南浦大桥）、中程（复兴岛—徐浦大桥）和远程（分别向徐浦大桥和复兴岛上下游拓展）黄浦江游览相结合的多层次、水陆联动的常规旅游线路，还计划推出45分钟至60分钟的一站式游览线路。未来产品将更富多样性，如婚礼、聚会、餐饮、文化展示等主题游船，给游客提供更多元化的游览、休闲、娱乐服务。

上海水上旅游业是跨经济部门、跨产业、跨文化、跨区域的综合性产业，具有船岸互动、消费链长、特色项目附加值高等特点。围绕建设全球城市和世界著名旅游城市的发展战略，2016年6月，上海市政府提出了要把黄浦江游览打造成为"本土旅游第一品牌，世界著名旅游城市精品项目"的新目标，重点聚焦"徐浦大桥至复兴岛"这一黄金水岸的核心区段，全面提高黄浦江游览的吸引力和影响力，明确了"黄浦江游览"作为上海城市名片的新定位。

　　2017年4月12日，上海市质监局公布了由上海市旅游局、上海市交通委共同牵头制定的《黄浦江游览船及码头运营设施与服务质量要求》，黄浦江游览有了全新的上海标准。标准不仅涵盖了船容船貌、服务设施、防污染、迎宾、讲解、售票、卫生等环节，还包括游船码头的外观、灯光、标识、安保、服务、配套设施等细节。标准到位，提升形象就有了依据。游船和码头正在积极改造，即将焕发新颜。2017年底，黄浦江游览所有运营游船和码头的灯光效果与外观面貌全部整新，一个更加整洁、美观、舒适的"水上会客厅"展现在广大游客和市民面前。

视觉中国／供图

王鹤春 / 摄影

二
黄浦江两岸
公共空间

黄浦江两岸公共空间，是指黄浦江自杨浦大桥至徐浦大桥区段，浦西、浦东两岸合计长约45千米岸线的公共开放空间，涉及杨浦、虹口、黄浦、徐汇、浦东新区五个区的滨江带，主要公共空间面积约为5平方千米，是市民和游客体验上海特色、品味历史文化、欣赏风貌景观、感受城市气息的世界级滨水休闲游憩带。

2002年1月，上海市委、市政府做出黄浦江两岸综合开发的重大决策。此后十余年间，随着上海的产业升级和城市转型，黄浦江及其两岸在功能定位上已经从过去以交通运输、仓储码头、工厂企业为主，逐步转向以金融贸易、文化旅游、生态居住为主，基本实现了由生产型向综合服务型的功能转换与定位升级。特别是2010年上海世博会以来，滨江景观得到全面提升，包括世博公园、后滩公园、南园滨江绿地、老白渡滨江绿地、东昌滨江绿地、上海船厂滨江绿地和北外滩滨江绿地等在内的大片滨江休闲绿地相继建成开放。

2016年8月，上海面向2040年提出"卓越的全球城市"的发展愿景，规划建设"创新之城"、"人文之城"、"生态之城"。黄浦江作为上海的"母亲河"和城市发展的主动脉，其创新、人文、生态价值的挖掘和两岸公共空间真正为市民所共享成为全社会关注的课题。2016年9月，上海市规划和国土资源管理局发布"黄浦江两岸公共空间贯通开放概念方案"，一幅世界级滨水休闲长廊的蓝图清晰地呈现在黄浦江两岸。

黄浦江两岸公共空间建设在"百年大计、世纪精品"原则和"开放、美丽、人文、绿色、活力、舒适的江岸"等六大理念的指导下，五区联动，积极拓展商贸业、旅游休闲业和社会服务业等配套产业，着力培育综合服务功能和营造宜居宜游环境。2017年底，黄浦江两岸约45千米岸线真正成为服务于广大市民和来沪游客健身休闲、观光旅游的公共空间。

杨浦滨江段公共空间西起秦皇岛路东至定海路，岸线全长约5.5千米，其中杨浦大桥以西全长约2.8千米。以新怡和纱厂、杨树浦水厂、上海船厂等一批老厂房、老建筑的更新改造串联起百年工业遗存博览带。上海是中国近代工业的发源地，而杨浦滨江则是上海近代工业的摇篮。在120多年的工业化进程中，这里曾几度辉煌。杨树浦发电厂曾是国内最大的火力发电厂；杨树浦水厂曾是远东第一大水厂；国营上海第一毛条厂最早是怡和洋行在1915年创办的"英商新怡和纱厂"，上世纪六七十年代曾成为远东生产毛条能力第一的企业……杨浦滨江的老工业区，被联合国教科文组织专家称为"世界仅存的最大滨江工业带"。而随着杨浦跨入新世纪后巨变式的转型发展，这条"最大滨江工业带"正在悄然嬗变。如今，在新怡和纱厂和上海鱼市场的旧址上建起了国内首个以"海洋文化"和"渔文化"为主题的休闲文化景区——"东方渔人码头"；渔人码头旁一栋透着英伦味道的百岁高龄小洋房已改建为坐拥雨水湿地生态园的咖啡屋和游客接待中心，它的前身曾是新怡和纱厂英国大班的住宅；黄浦江畔，上海船厂码头的钻焊平台变成了亲水的露天表演广场；杨树浦水厂外，一座临水望江、似舟似桥的景观栈道架于水上，栈道上的"箱亭框景"，钢结构翻折形成箱型遮阳凉亭，侧面望去，滨江美景尽收框中，其效果恰似相机的"取景框"……一排似弯曲自来水管造型的路灯沿着滨江地带延伸，成片的系缆桩营造着浓浓的老码头气氛，路边随处可见的码头搬运

黄德奎／摄影

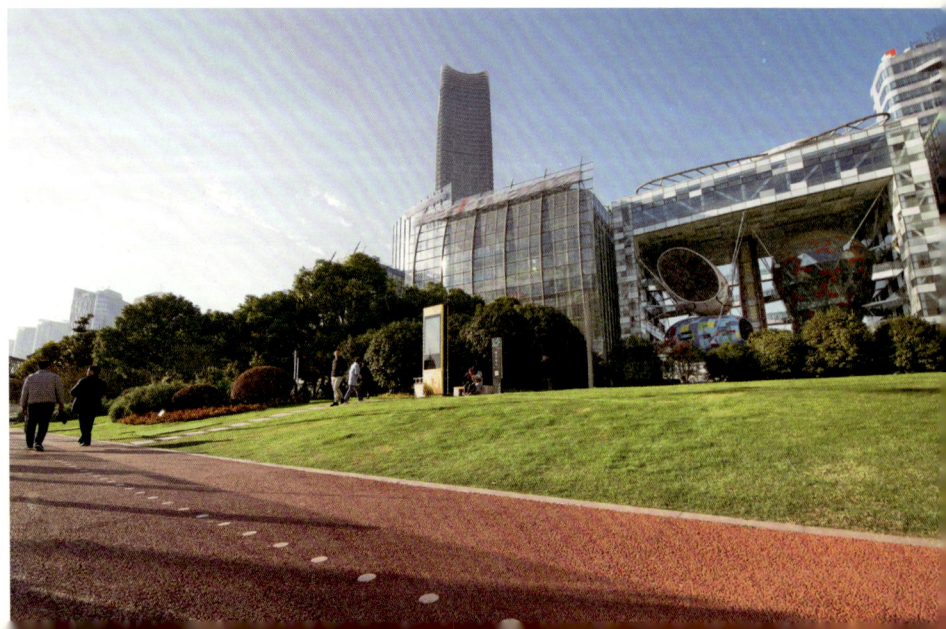

工、纺织女工铁艺雕像和背景中的陆家嘴高楼一样震撼人心，江边所有的扶手、栅栏都整旧如旧地采用凝重的铁锈色，就连专门铺设的人行步道和自行车道也在每隔百米处记录下了"英商新怡和纱厂Since1915"等曾经名噪一时的百年老厂名称……这里，所有的一切凸显着杨浦滨江"百年工业文明遗存"的特色；这里，所有的一切似乎都在向百年的杨浦工业致敬，并无言地诉说着当年的辉煌。

　　虹口滨江段公共空间东起秦皇岛路，西至外白渡桥，岸线全长约2.5千米，由4段组成，从东至西分别为国航中心段（秦皇岛路—公平路），置阳段（公平路—高阳路），国客中心段（高阳路—虹口港）和扬子江码头段（虹口港—外白渡桥）。虹口滨江段曾是上海重要的货运、客运集散地，如今已成为绿树环绕、芳草连片、景色宜人的市民、游客休闲区。伴着徐徐江风，漫步于虹口滨江，时而步入灌木丛生的幽静空间，时而徜徉于绿荫廊道，时而又穿行于彩色花带之中，会发现这里与众不同的风韵，每一个转角都充满了绿意和江景带来的视觉惊喜……虹口滨江也是名人荟萃的文化滨江。作为国际客运码头，当年，爱因斯坦、卓别林、泰戈尔等海外名人在此登岸，迈出了了解中国的第一步；而鲁迅、郭沫若等爱国志士则是从这里登船出海，放眼去看世界，寻求救国救民的道路。如今游客在虹口滨江走的每一步，也许就会与爱因斯坦、卓别林、鲁迅、郭沫若的脚步重叠……在国际邮轮码头与绿地之间的文化长廊玻璃墙上，可以看到用图片和二维码展示的"码头衍变"、"西学东渐"、"名人踪迹"的故事。只要用手机扫一扫，就可以知晓浦江沿岸的百年历史。在虹口滨江，还能体验智能运动场带来的快乐。在速度互动足球场上，玩家可以通过网络进行全球竞技，踢一场属于自己的"世界杯"；而数跑彩虹则将智能与体能开发合二为一，玩家通过破译密码、寻找动物等游戏，在挥汗消耗卡路里的同时，也玩一场"脑筋急转弯"。在虹口滨江还能享用网速超快的"超·爱上海"信息亭公共WiFi。信息亭大屏幕下方，有一个"超爱拍"的二维码，用手机扫码后，只要点击"我要拍照"，游客的照片就可以出现在信息亭55寸的大屏幕上。在信息亭还可以拨打紧急电话、查询地图及充电。

黄浦滨江段公共空间北起苏州河，南至日晖港，岸线总长约8.3千米。以南浦大桥为中点可以分为两段。北段为黄浦滨江外滩段，全长4.8千米，主要由外滩滨水区（岸线长约1.5千米）、十六铺地区（岸线长约1.1千米）、南外滩滨水区（岸线长约2.2千米）组成。南段为黄浦滨江世博段，全长3.5千米，主要由世博浦西园区（岸线长约3千米）和南园商务区（岸线长约0.5千米）组成。黄浦滨江位于母亲河市中心核心段，她的亮点在于城市深厚的历史文化底蕴。外滩开埠史、老城厢史、码头文化、江南制造局历史、世博文化在这里交相辉映，它们就像城市生活交响曲中的一个个音符，在四季轮转、江涛声声中，令人着迷不已。外滩江滨，浦江西岸一幢幢风格迥异充满浓郁异国色彩的万国建筑与浦江东岸一幢幢拔地而起高耸云间的现代"通天"大厦遥相呼应。临江的那一道灰白色钢筋水泥筑成的"情人墙"（实为防汛墙），听尽了几代上海人的绵绵情话，如今已化身为花岗岩、大理石和铸铁雕花栏杆构成的观光平台。在上世纪30年代五座复兴码头仓库和上海油脂厂旧址上建立的老码头休闲街区有着最上海的传奇，这里的临江弄堂、老式石库门群落流传着昔日上海滩大亨们的故事。仓库的海派文化特色门头、弧形拱门、经典阳台，以及墙面上体现海派建筑特色的青砖和廊柱等都被原汁原味地保留了下来，成为黄浦江畔新的时尚地标。世博浦西园区滨水区段以人行步道、健身自行车道、绿化廊道为主体。码头的系缆桩、南市发电厂"大烟囱"改成的温度计见证着这里工业摇篮的历史；色彩明快的防汛墙、移步换景的园林小品、造型独特的休闲座椅又凸显出休闲文化的新功能；重新点亮的56盏世博火焰灯，宣告了黄浦滨江世博段公共空间的基本贯通；7片美艳的园景——杜鹃园、月季园、岩石园、琴键春园、秋园、药草园、草趣园，串珠成线，营造出四季不同意境的景观效应，更让岸线的"颜值"飙升。其中集科普、景观于一体的药草园，既弘扬了中医文化，又增添了滨江特色。岩石园两棵近百年树龄的香樟与周围的岩石小景相互映衬，草丛花卉错落有致，呈现一派悠然自得的山间田园风情。黄浦滨江还将结合自身特色新建一幢地下1层、地上3层的国际乒乓球联合会博物馆和中国乒乓球博物馆，世博体育园、轮滑园、足球园、篮球园和棋园等体育场地也都在紧锣密鼓地建设中。

　　徐汇滨江段公共空间北起日晖港，南至关港，岸线长11.4千米，其中日晖港至徐浦大桥8.4千米。遵循"望得见江、触得到绿、品得到历史、享得到文化"的总体理念，徐汇滨江突出"西岸文化走廊"的文化特色，正在打造未来亚洲最大规模的文化艺术群落及文创产业集聚区、魔都最具人气的时尚生活水岸；同时强化全方位的配套服务特色，提供更为人性

黄德奎／摄影

视觉中国／供图

化的服务。这里是曾经的"铁锈地带"，中国近代民族工业的摇篮之一。
1907年，上海第一个货运车站铁路南浦站在此建起；1917年，远东最
大的机场龙华机场在此建成；1920年，建立了中国第一个湿法水泥厂；
1929年，中国第一个水陆联运码头在此等候来往船只。如今，日晖港口
的开平码头和北票煤炭码头保留了原塔吊和铁路南浦站的火车头、轨道等
城市记忆，原上海龙华机场的油库改建成了油罐艺术公园。这里每一座美
术馆的窗外都有无敌江景，周围随处可见供人休憩的座椅、绿化，还有可
供漫步的亲水平台，是最理想的艺术观赏空间。徐汇滨江宜人的环境让来
自世界任何一个角落的艺术品都有机会叩开本土观众的心。伴随上海梦中
心、龙美术馆（西馆）、余德耀美术馆、西岸艺术中心、西岸美术馆、油

罐艺术公园、星美术馆等一大批高品质公共文化场馆建设的推进，未来亚洲最大规模的艺术群落及文创产业集聚区正在逐步成形。除了颜值的进一步提升，徐汇滨江还提供了全方位的人性化服务：镶嵌在橘红色塔吊下的单层玻璃建筑——西岸首个志愿服务中心，集问询、急救、休憩、阅读、展示、教育于一体，将成为水岸公益服务的最美"祥云"。戊密树丛中隐藏着一座"格楼书屋"，若干个漂浮平台通过曲折的楼梯和通透的玻璃幕墙互相串联、错落有致，书屋的顶层拥有宽阔斜坡的户外观景台。走进书屋可以一边喝咖啡一边看书、欣赏展览，逛累了还可坐下小憩。徐汇滨江还增设了多处跑步驿站，为市民提供淋浴、更衣、寄存、饮水等配套服务。此外，沿江空间的"萌宠乐园"正式亮相，分设"小型犬卖萌区"和

"大型犬撒欢区",免费提供宠物排泄物清理工具,是沿江公共活动区域宠物管理模式的大胆创新。徐汇滨江这块上海市中心宝贵的"大衣料"正在逐日变身为浦江西岸一袭璀璨的"华服",令人倍感期待。

浦东滨江段公共空间结合滨江空间特质、区域发展定位、腹地功能差异和使用人群需求,分为六个区段展现缤纷的浦东文化:包括从杨浦大桥至浦东南路的"文化长廊段",从浦东南路至东昌路的"多彩画卷段",从东昌路至白莲泾河的"艺术生活段",从白莲泾河至川杨河的"创意博览段",从川杨河至徐浦大桥的"生态休闲段",从徐浦大桥到芦恒路的"水乡古韵段"。其中杨浦大桥至徐浦大桥段的黄浦江东岸,拥有23千米长的连续岸线。浦东滨江段以"城市生活与滨江空间交织互动"为核心理念,以岸线、绿廊作为主要的开放空间载体,以亲水步道、慢跑道和慢骑道三条主线串联沿江重点区域和重要节点,与水上游线及空轨缆车预留线共同构成"蓝绿交响"的"五线谱",镶嵌具有东岸特色的自然环境、标志景观、运动休闲场所和配套服务设施,增强大众休闲活动和公共活动的参与性。如以亲子互动为主题的杨浦大桥东岸滨江绿地、以滨水舞台秀场为主题的新华滨江绿地、以船厂工业遗存和艺术文化中心为主题的上海船厂滨江绿地、以金融城为主题的小陆家嘴滨江段观景通廊、以世博文化为主题的世博文化公园等。随着浦江一起蜿蜒的三条"亲水道"中,红色塑胶道看着喜庆、醒目,在上面慢跑心情愉悦,神清气爽;紫色骑行道时而与跑步道并立而行,时而又另辟蹊径,独立前行;与黄浦江距离最近的亲水漫步道,宽阔舒畅,走累了在石阶石凳上坐一会儿,可以看落日余晖,红霞满天。置身其间,市民可以体验到人与自然和谐共存。整个滨江沿线,种植了不同种类的灌木和乔木,花草植被色彩分明,为浦江平添几分姿色。除了"亲水道"外,更有15座造型新颖、风格迥异的云桥,突出"慢行"理念,无缝衔接起23千米浦东滨江绿地,勾勒出浦江东岸优雅与灵动的风姿。这些云桥各具特色，有的造型耀眼如彗星划破天际；有的风格古朴好似蹊径穿越山水；有的与倒影辉映，犹如明眸大眼；有的则是简单一勾，如同光带掠过水面……它们包含着设计师的精心构思，将成为黄浦江东岸的重要景观标志。浦东滨江沿线还将屹立起24座地标性的灯塔，它们有的将成为眺望浦江，欣赏城市风貌的观景高地；有的将成为点亮繁华城市客厅的落地明灯，向市民和游客诠释上海的诗意与希望。

黄德奎／摄影

四

工业摇篮
航运新篇

1.复兴岛

　　复兴岛，位于杨浦区东部的黄浦江下游，呈月牙形，面积约1.133平方千米，是黄浦江上唯一的封闭式内陆岛，拥有得天独厚的自然地理条件。中环军工路越江隧道从其下方穿过，岛中部有复兴岛公园，园内有一幢别墅叫白庐，曾经作为蒋介石的"行宫"。

　　复兴岛的雏形原是江边浅滩。黄浦江在今杨树浦路、黎平路交会处一带的江岸向东突出，呈鱼嘴状，附近原有一周姓村落（1937年村落毁于战火），遂名周家嘴或周家嘴角。1915年，上海浚浦局决定疏浚黄浦江主航道，将周家嘴浅滩填筑为人工岛。在筑岛的同时，为便利周家嘴沿江地区的工厂、仓库装卸货物、停泊船只，浚浦局对浅滩西侧的浅水航道也进行疏浚，修成一条人工运河（即今复兴岛运河）。1934年，一座新的人工岛基本形成，定名周家嘴岛。1937年，"八·一三"淞沪抗战爆发，日本海军陆战队强占了该岛，并将全岛划为禁区，改名为定海岛，曾一度使用过"昭和岛"之名。1945年抗战胜利后收回，改名为复兴岛。

　　1949年4月23日，中国人民解放军占领南京，24日凌晨占领总统府。4月25日，国民党军队突然进驻复兴岛，并将原先设在岛上的渔业管理局和浚浦局的全体职工驱赶出岛。26日中午，已经下野的蒋介石乘"太康"号军舰秘密来到复兴岛。蒋介石在复兴岛公园内的"白庐"频频召见汤恩

视觉中国／供图

伯、陈大庆、石觉等人，部署上海防务和撤运物资的工作，并亲自向保密局局长毛人凤布置潜伏特务和暗杀亲共人士的工作。为安定军心，他还曾离岛进入上海市区，下榻于金神父路（今瑞金二路）励志社（今瑞金宾馆）。面对上海解放在即的形势，蒋介石于5月7日清晨搭乘招商局"江静"号客轮逃离复兴岛前往浙江舟山，离开上海的最后一天他是在"白庐"度过的。上海解放后，复兴岛成为燃料、木材、石油、仓储、造船、渔业以及一些企业的重要基地。

　　复兴岛公园位于复兴岛中部，共青路386号，原系上海浚浦局员工俱乐部所在地，建于20世纪30年代。1937年，日本强行占领复兴岛，将俱乐部北部花园辟为日本式的庭园，在园中广栽常绿树和球形灌木，遍植樱花。上海市港务局对其整修后，1951年5月28日，复兴岛公园正式对外开放。公园坐东面西，园门大道东端有水一泓，大道北侧为大草坪，香樟点缀其间；园北有一日式别墅庭院，山水结合，小巧玲珑，即蒋介石当年逗留之"白庐"；园南新筑亭榭；园西有大型紫藤架和土丘数堆，佳景天成。园内遍植樱花、香樟、松、柏、冬青、棕榈和常绿球形灌木，常年绿荫覆盖。2009年6月，改建后的复兴岛公园在景观上突出了日式风格的樱花林、心字湖和具有历史意义的"白庐"，使之成为一座极具日式园林风格的公园。

　　定海路桥位于定海路南端，跨复兴岛运河与复兴岛内的共青路相连，外形酷似卢浦大桥的微缩版。1927年，上海浚浦局完成今复兴岛运河的导治工程，拨银7万两在运河上建起了长93.75米的钢筋混凝土桥——定海路桥。桥上至今还镶嵌有当年租界当局的中英文铭牌原物——"定海路桥"四个醒目大字。大桥现在被列为"杨浦区登记不可移动文物"。1955年，对大桥中孔西墩主拱辊轴支座倾侧进行了修复。1963年，加固桥梁端部结构，并限载通行。1976年，在海安路东段修建海安路桥，成为复兴岛与市区的第二条通道。2013年12月29日，轨道交通12号线一期开通，复兴岛站成为人们进出复兴岛的第三条通道。

　　目前，复兴岛尚处于待开发状态。根据规划方案，尤其是随着复兴岛游船码头的兴建，一个立足高起点、高水准、高品质，体现环保、生态、和谐环境理念的复兴岛将像一颗镶嵌在黄浦江上的珍珠，大放异彩。

2. 原中华造船厂
（现属沪东中华造船集团有限公司）

原中华造船厂是上海最早的船厂之一，位于复兴岛共青路130号，占地36万平方米，其前身是由爱国实业家杨俊生于1926年创办的大中华造船机器厂，现属沪东中华造船（集团）有限公司。

杨俊生，江苏淮安人，1906年留学日本。回国后，孙中山勉励他为祖国的造船事业奋斗，他很受鼓舞以此为志向并重返日本攻读工程学业。1919年，他从日本的东京帝国大学船舶工学科毕业后，应聘到当时日本最大造船厂长崎三菱造船厂担任工程师，兼任三菱造船所工业学校教师。1924年，杨俊生放弃了优厚的待遇，带着妻子、孩子回到千疮百孔的旧中国，受聘为中日合资的上海东华造船株式会社工程师。可没多久，这家造船企业就因经营不善而破产倒闭了。杨俊生想方设法贷款盘下了原东华造船株式会社的部分机器设备，并租用杨树浦路、江浦路附近原东华株式会社厂房东北角的一块6600平方米的空地筹建船厂。1926年10月10日，位于杨树浦路66号甲的大中华造船机器厂正式开工生产，杨俊生任厂长兼设计部主任，一家主要从事船舶修造业务的中国工厂就这样诞生了。1931年，大中华造船机器厂被英租界当局逼迫迁至周家嘴岛（今复兴岛）另建新厂，厂区面积1.6万平方米。淞沪战争中，大中华造船机器厂曾被日军强占，后经杨俊生向日本驻沪总领事交涉，始得发还。1934
年，大中华造船厂为天津航业公司设计建造国内第一艘破冰船"天行"
号。1937年8月，日军占领上海，大中华造船机器厂被日军强占，职工解
散。抗日战争胜利后，该厂被国民党政府当作"敌产"接收，后经杨俊生
多方交涉，据理力争，于1946年归还。

　　1953年1月，实行公私合营，改名为公私合营中华造船厂股份有限公
司，简称公私合营中华造船厂。1966年11月更名为东方红造船厂。1973
年1月重新定名为中华造船厂。到2000年，中华造船厂总计造船1520余
艘，约70万吨，成为中国兼能建造2万吨级以下远洋和近海多用途集装箱

视觉中国／供图

货船、客船、油船、气垫船，石油钻井平台、各类工程船舶、导弹驱逐舰、大中型登陆舰等军用舰艇以及重型机械设备等的综合性造船企业。

2001年4月8日，中华造船厂和沪东造船集团联合组建沪东中华造船（集团）有限公司（总部位于浦东新区），资产总额100余亿元人民币，职工12000余名。集团除拥有原沪东、中华两个大型造船厂之外，下属还有一百多个船用设备制造分厂和公司。沪东中华造船集团成为中国船舶工业集团公司领导下的既造民用船舶、军用船舶，又造大马力柴油机和大型钢结构的综合性企业集团，也是国内有能力建造高技术、高难度、高附加值LNG船的第一家船厂。

3. 上海国际时尚中心
（原上海第十七棉纺织总厂）

上海国际时尚中心，位于杨树浦路2866号，是在原上海第十七棉纺织总厂的基础上改建的，建筑面积约14万平方米。2014年全面改建完成开放，2015年被评为国家4A级旅游景区。2017年11月入选"国家十大工业遗产旅游基地"。

原上海第十七棉纺织总厂的前身是日本大阪东洋纺织株式会社设立的上海工场，1921年筹建，1922年开出第一厂，定名裕丰纱厂。厂房屋顶采用整齐的锯齿形设计，造型独特。这类锯齿形厂房是当年同类厂房中设计最先进、施工最精致的建筑，也是目前上海市区保留最完整、最具规模的锯齿形厂房建筑群。1924至1925年，又陆续开出第二至六厂。1935年单独成立裕丰株式会社。1942年兼营毛纺业，同年拆毁部分纺锭、织机给日军制造军火。抗日战争胜利后，由国民政府接收，更名为中国纺织建设公司上海第十七纺织厂。

上海解放后，由市军管会接管，1950年7月1日，更名为国营上海第十七棉纺织厂。1953年7月，国营上海第二十棉纺织厂（原申新七厂）并入。上世纪50年代，这里出了一位著名的全国劳模黄宝妹，1959年受到周恩来总理的接见。著名导演谢晋以她的真人真事为原型拍摄了电影《黄

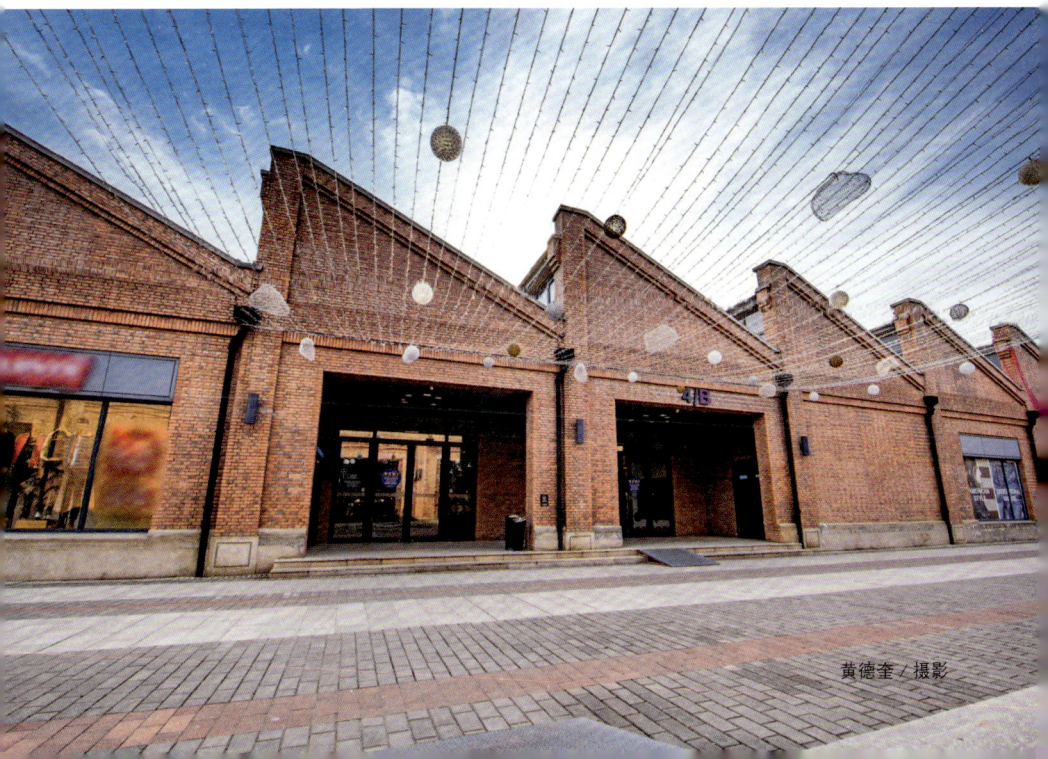

黄德奎／摄影

黄德奎／摄影

宝妹》，影片记录下当时人们在工作生产中的精神风貌，充满了时代感。1972年工厂改产涤棉产品，成为全国第一家生产棉型腈纶纱的企业。1992年8月8日，改制为龙头股份有限公司。2007年上海第十七棉纺织总厂搬迁至江苏大丰，这座矗立百年的老厂房也迎来了新的功能需求，上海国际时尚中心应运而生。

上海国际时尚中心，由曾设计上海大剧院的法国夏邦杰建筑设计机构担任概念设计，利用厂房基地，既保留了上世纪20年代老上海工业文明的历史年轮，又融入了当代时尚的审美元素。它以时尚为核心立意，跨界融合国际名品和各式时尚娱乐业态，集时尚多功能秀场、时尚会所、时尚创意办公、时尚精品仓、时尚酒店式公寓、餐饮娱乐及游船码头等七大功能板块于一体，打造远东地区规模最大、时尚元素最为丰富，以纺织概念为主的文化创意园区。

上海国际时尚中心多功能秀场占地1500平方米，可同时容纳800名观众观看时装秀，秀场后台可同时供300名模特、工作人员化妆候场，已成为上海国际服装文化节、上海时装周的主场，规模居亚洲之最，是上海乃至全国设施最完备、配套最齐全的专业秀场，也是世界顶级品牌发布的首选地。时尚精品仓汇聚众多国际时尚品牌时装、鞋包及配饰，游艇码头已经建成，游船码头正在积极筹建中。上海国际时尚中心已逐渐成为人们了解时尚、感受与体验时尚的新天地。

4.杨树浦发电厂
（原上海电力公司）

杨树浦发电厂，位于杨树浦路2800号，占地13.48万平方米。它是中国第一家电气公司，是上个世纪20年代至40年代远东地区最大的火力发电厂，被称为"中国电力工业的摇篮"、"远东第一发电厂"。现属上海电力股份有限公司。

1882年5月，英商立德尔等在今黄浦区南京东路和江西中路的西北角组建的上海电气公司是中国首家发电厂。1908年，上海公共租界工部局决定在杨树浦沈家滩购地约2.6万平方米筹建"江边电站"，该电站是杨树浦发电厂的前身。1913年4月12日江边电站投入运营。1923年，电厂年发电量达3.3亿度，其发电能力超过同时期英国著名发电基地曼彻斯特、伯明翰、利物浦等城市。1928年申城88%的工业用电都由江边电站输往全市。1929年，工部局将电气处卖给美国国际电气债券有限公司，改名为上海电力公司。1944年7月，上海电力公司由日伪"华中水电公司上海电气分公司"管理。抗战胜利后，公司发还美商经营。1947年，上海电力公司投入远东地区第一台高温高压燃煤、燃油两用前置机组。1948年，其年发电量约为上海地区总发电量的80%左右。

1948年2月，上海申新九厂爆发工人大罢工，国民党反动派血腥制造

黄德奎／摄影

了"申新九厂惨案"，上海电力公司职工王孝和带领上电工人抗议反动派的暴行，积极声援"申九"工人的斗争。王孝和的革命活动引起敌人的仇视。4月21日清晨，王孝和在上班途中被敌人秘密逮捕，他受尽酷刑，坚贞不屈，9月30日，王孝和在提篮桥监狱刑场（今长阳路147号）壮烈就义。如今的王孝和就义地和杨树浦发电厂内都立有王孝和烈士塑像。

1950年2月6日，17架美制国民党飞机袭击杨树浦、闸北、南市等电厂，投下了67枚重磅炸弹。轰炸后第二天，陈毅市长和潘汉年副市长亲临电站视察和慰问，指示电厂争取在48小时内部分恢复发电。经过工人42小时抢修，发电机开始运转。当时输煤皮带尚未修复，工人师傅们硬是用煤锹一锹一锹给锅炉上煤。1954年，电厂改名为杨树浦发电厂。

1998年上海电力体制改革，厂网分开，资产重组后由上海电力股份有限公司管辖，2002年底随上海电力股份有限公司归属中国电力投资集团公司。2006年11月，杨树浦发电厂史实陈列馆开馆，保存完好的设备再现了当年生产车间的真实情景，有些设备至今依然可用。同时展出的还有老电厂的仪器物品、图片资料等。2010年底，杨树浦发电厂的装机容量已不能适应节能减排等要求而停产。厂内老建筑被保留下来，纳入黄浦江沿江的整体改造规划。厂区将由工业用地转变为文化、商业服务、商务办公等用地。

杨树浦发电厂的标志性地标是高耸的3座大烟囱，如今只剩下了两座高达105米的大烟囱，成为杨树浦发电厂的一个记忆符号。消失的一座建于1941年，其"身躯"是用防酸水泥砌筑而成，内壁衬以耐火砖，基础和底座为钢筋混凝土结构，总重量达775吨，能承受时速186.7千米的最大风速，被誉为"太平洋西岸近代工业的一座地标"。2003年被拆除后，其底座收藏在上海市历史博物馆。

5.原杨树浦煤气厂

原杨树浦煤气厂，位于杨树浦路2524号，始建于1932年，占地9.1万平方米，原名全称英商上海煤气股份有限公司杨树浦工厂。该厂的办公楼、储气柜等建筑现为"上海市优秀历史建筑"、"杨浦区文物保护单位"。

上海是我国最早使用煤气的城市。1843年上海开埠后，外国商人纷纷来沪投资设厂。1865年，上海第一家煤气厂在苏州河畔建成。同年11月即开始向公共租界供应煤气，南京路开始启用煤气灯照明，上

黄德奎／摄影

海公用事业由此开始。1929年，上海城市煤气供应量已超出2000万立方米，急需扩大生产，原苏州河畔的煤气厂，因苏州河航道狭窄，船舶拥挤，运输能力受到限制，英商遂选中黄浦江边建煤气厂。1932年开始筑造炭化炉，1934年，一个制气设备先进、具有现代化规模的煤气厂建成投产。

上海解放后，杨树浦煤气厂隶属上海煤气公司。1952年改名为杨树浦煤气厂。1999年，煤气行业改制，更名为上海煤气制气有限公司杨树浦煤气制气分公司，因产业结构调整，于2000年停产。

厂内现存老建筑办公楼与该厂同时期建造，楼高3层，建筑面积约1185平方米，砖混合结构，坐北朝南。现代派建筑艺术风格，立面层间有腰线，黄色面砖墙面，饰转角隅石，北立面局部饰山花装饰。厂内最大的储气柜是上海现存最早的煤气柜，由1万多个铆钉铆接而成，可存储2万立方米煤气，为英商在20世纪30年代设计制造，保存完好。

6.杨浦大桥

　　杨浦大桥是上海市区第二座跨越黄浦江的特大跨径桥梁，位于杨浦区南部，与南浦大桥、卢浦大桥一起，构成中心城区三个最重要的过江枢纽，成为上海市内环线的重要组成部分。

　　杨浦大桥于1991年4月29日动工，1993年9月15日建成，1993年10月23日通车。杨浦大桥工期为2年5个月，比南浦大桥缩短半年，创造世界斜拉桥工程施工工期的最短纪录。杨浦大桥主桥工程获1995年度国家优秀工程勘察设计金质奖（一等奖）及1995年度国家建筑工程"鲁班奖"。

　　杨浦大桥总设计师是我国著名桥梁设计大师林元培，他也是上海市南浦大桥、徐浦大桥和卢浦大桥以及东海大桥的总设计师。1992年6月2日，邓小平以88岁高龄登上正在建设中的杨浦大桥，亲自为杨浦大桥题写了桥名，并感慨地说："喜看今日路，胜读万年书。"

　　杨浦大桥全长7654米，主跨602米（此处黄浦江江面宽545米），为当时世界主跨径最大的斜拉桥。主桥面宽30米，设6车道，两旁设有2米宽人行道。通航净高48米，桥下可通5.5万吨巨轮。桥的两侧各有一座钻石形主塔，塔高208米，塔身呈倒"Y"形。主塔基础为直径900毫米的钢管桩群桩，桩标高-53米。浦东、浦西桥塔两侧各设32对、256根钢索悬挂主梁。拉索总长度约2万多米，重约2900吨。索面成空间立体扇形布置，形似巨大的竖琴。

视觉中国／供图

7.中国救捞陈列馆

中国救捞陈列馆，位于杨树浦路1426号的海救大楼（交通运输部上海打捞局）内，2011年8月23日建成对外开放。

中国救捞陈列馆展厅面积1636平方米。一楼设序厅、贵宾厅、3D报告厅，通过序厅背景的气势宏大而庄严肃穆的大型浮雕墙，突出了中国救捞人坚决履行保障海上人命财产安全、保护海洋环境清洁的崇高使命。3D报告厅播放的"大爱无疆"纪录片展示了一代代救捞人无数次面对艰难险阻、生死抉择所演绎的"把生的希望让给别人，把死的危险留给自己"的救捞精神。二楼作为纯展示区域，设救捞溯源、亲切关怀、兴业华章、铸就辉煌、实现跨越、传承创新、发展愿景七大主题展区。

整个陈列馆通过展出大型浮雕墙1面，图文版100余块，历史图片500余幅、视频播放点11处，陈列实物资料200余件，说明文字近1.2万字，全面展示了中国救捞（全称"中华人民共和国交通运输部救助打捞局"）从创建之初的单一打捞清障队伍发展成为具备空中立体救助、水面快速反应、水下潜水打捞三位一体综合功能的强大专业救捞队伍，承担人命、财产、环境救助的使命职责，在维护我国的海上交通安全、保护国家生命财产、防止海洋环境污染，履行国际海上安全义务等方面做出的贡献。

中国救捞是中国唯一一支国家海上专业救助打捞力量。它承担着对中国水域发生的海上事故的应急反应、人命救助、船舶和财产救助、沉船沉物打捞、海上消防、清除溢油污染及其他对海上运输和海上资源开发提供安全保障等多项使命。同时，它代表中国政府履行有关国际公约和海运双边协定的义务。中国救捞始建于1951年8月24日，这支白手起家的队伍当时只有120名职工，设备只有一条125千瓦的"盘山"小拖轮和十几只小平驳。到2003年，中国救捞完成了具有历史意义的体制改革，在沿海建立了一个比较完整的救捞网络，组建北海救助局、东海救助局和南海救助局等3个救助局，烟台打捞局、上海打捞局和广州打捞局等3个打捞局和4个救助飞行队，有员工近万人，救助打捞船舶191艘，救助航空器20架，成为国家应急反应体系的重要组成部分。

中国救捞的海上拖航、大件驳运业务遍及世界五大洲的40多个国家和地区，共救助各类遇险船舶2000余艘，打捞沉船沉物1000余艘（件），援救各类遇险人员20000多人，清除水下油污2万余吨，为海上人命和财产，海上交通运输及海洋资源开发提供了安全保障。尤其在参与搜救2010年6月1日倾覆的"东方之星"旅游客船事件以及在打捞2014年4月16日沉没的韩国"岁月号"客轮事件中的出色表现得到了中外媒体的广泛认可和高度赞誉。

王鹤春／摄影

8.东方渔人码头
（原上海鱼市场）

东方渔人码头位于黄浦江、杨树浦港交汇处，建筑面积约18万平方米，沿江岸线长度约700米，其前身为1935年始建于复兴岛的昔日"中国第一海洋鱼货市场"——"上海鱼市场"。

1937年"八·一三"淞沪抗战爆发，鱼市场被侵华日本海军占用，部分建筑毁于炮火。1938年8月，侵华日军伙同伪官商在江浦路码头再建鱼市场。抗战胜利后，江浦路卸鱼港重建，鱼市场正式复业，可容纳鱼贩2000余人，浮动码头3座，可同时停靠渔轮28艘。当年上海市200多个菜场经营的海、淡水鱼及众多鱼摊小贩所经营的水产品全都靠鱼市场供应，该市场成为上海交易量最大的鱼市场。1953年，上海鱼市场改名为"上海水产市场"。

改革开放后，存在半个多世纪的江浦路水产市场翻建厂房，更新设备，于1988年建成一座面江而立的棕色4层大楼。大楼上部另建起两层瞭望台，可以鸟瞰黄浦江；在大楼后侧，改建了10排平屋卸货房，以便于鱼货装卸；还备有卸货码头4座。鱼市场的旁边建有7层高的冷冻厂和一座冷库。7000平方米的堆场呈长方形，前后用数十根水泥柱子支撑着。春夏秋三季的鱼汛期，市场日卸鱼量可高达数千吨。卸鱼时，浓烈的鱼腥味随

黄德奎／摄影

风飘散，成了丹东路渡轮上人们难以忘却的海腥味。1990年，江浦路水产市场建成占地5万平方米的国家级上海水产品中心批发市场，并改名为"上海市水产供销公司第一分公司"，名称虽不同，但鱼市场始终承担着上海市民的水产供应任务。2008年1月，渔人码头一期工程开工建设，经历了60余年沧桑变迁的鱼市场降下了帷幕。

东方渔人码头的概念来自于旧金山的渔人码头。在原来渔民出海捕鱼的港口失去功效后，经过商业包装，码头形成了独具特色的休闲、文化地段，成为上海城市滨水区时尚新地标。东方渔人码头拥有亲水平台，平台上建有综合商业体、家家乐梦幻乐园等，并与轨交18号线（在建）丹阳路站无缝对接。

东方渔人码头的两座地标式建筑为杨浦滨江增添了一道新的亮丽风

景。一座是高耸入云的高层建筑，造型酷似一条凌空跃起的鱼，顶部的"鱼头"对着苍穹；另一座为平躺着的低层建筑，头部为椭圆形，尾巴如桨，呈"卧鱼"欲入江遨游的状态。这两条"鱼"的菱形和长方形的玻璃幕墙凹凸有致，在阳光映照下七彩斑斓，仿佛一片片鱼鳞在波光中闪烁，似乎在提醒后人，这里曾经是樯桅林立，船进船出的繁忙渔港。东方渔人码头边，当年鱼市场留下的建筑已被修缮改建，楼层立面被改造成高低交错的琴键状，富有灵气和韵律感，红白相间的色彩十分明艳，体现出典型的现代派风范。为了不阻隔滨江观景效果，老楼一层被全部打通，成为通透的公共空间，营造了"渔港再现"的场景。门前有一组铁艺雕塑：一个挑着担子的鱼贩正在步履蹒跚地行走，旁边两个鱼贩正将一条条活蹦乱跳的鱼倒入箩筐，生动的雕塑瞬间将人们带入当年鱼市场交易繁忙嘈杂的历史场景。

9.杨树浦水厂

杨树浦水厂，位于杨树浦路830号，1883年5月竣工，是上海最早的水厂，也是中国第一家采用地表水源的自来水厂，有关中国最早地表水厂的档案就保存在这里。

杨树浦水厂生产设施和办公辅助用房外形保持红、黑、白相间的，城堡式样的英国古典建筑艺术风格，是黄浦江"三沿十景"中"城堡滴翠"的所在地，2013年5月被评为第七批全国重点文物保护单位。

杨树浦水厂由英籍工程师哈特设计，主要设备及管道材料由英国制造，耗资12万英镑。1883年8月1日正式对外供水，由时任北洋通商大臣的李鸿章开闸放水，标志着中国第一座现代化水厂正式建成，成为当时远东第一大水厂。初期供水区域为公共租界、法租界及越界筑路等地区，用水人口约17万人。

1941年，太平洋战争爆发，水厂被日军接管，由日伪华中水电公司经营。抗日战争胜利后，1945年，上海市政府接收水厂，1946年5月，归还英商经营。

1952年12月，上海市人民政府成立上海市自来水公司。1987年黄浦江上游引水工程建成，水厂改用上游原水。目前，杨树浦水厂归属上海城投水务（集团）有限公司。如今，历经百年沧桑的杨树浦水厂仍承担着为上海市民供水的重任。年供水量超过4亿立方米，约占上海供水总量的四分之一。

2003年，具有鲜明行业特色的展示馆——上海自来水展示馆（又名上海自来水科技馆）在杨树浦水厂落成。展示馆展示了上海120年的供水史，既是上海城市建设发展的缩影，也是新中国成立以来党和政府为民造福的生动体现。

2006年，上海市政府决定将青草沙建设成为上海的水源地，以改变上海70%以上自来水源取自黄浦江的格局。位于长兴岛西北方冲积沙洲青草沙上的青草沙水库的建成和投入运行，改写了上海饮用水主要依靠黄浦江水源的历史。

现在，人们可以通过一道新建的栈桥，站在黄浦江上，近距离领略这座建筑的风采。黄浦江两岸滨江开放贯通工程启动后，杨树浦水厂曾是贯通的一个难点。作为历史保护建筑和生产企业不能触碰，怎么办？同济大学设计团队决定用一座500多米的亲水栈桥来联通两头。这个方案得到了水厂的大力支持，主动将源水管向内移动了5米。为保护水厂建筑和生产安全，栈桥与厂区距离3.5米，设计以"舟"为原型，抽象演绎出格栅钢结构和整体木结构具有的漂浮感的形态单元。栈桥以"舟桥"为设计理念，呈现船形的结构，与水厂建筑隔江相望。短短的550米，结合江上原有的工业痕迹以及水厂的部分设施，设置了八个景点。与水厂最亲密的接触发生在"回廊高台"上，栈桥一处以坡道的形式与水厂原有的二层液铝码头结合，成为栈桥的制高点，迂回登高，一览江天。此时，身后传来哗哗水声，这是水厂每天不定时的泄水过程。潺潺流水飞流直下，形成一个人造的"小瀑布"。再往前，栈道开始变窄，水厂原有的六号取水口被整合到栈桥的界面中，水厂近在咫尺，从栈桥上走过，仿佛能感受到历史建筑的气息。

黄德奎／摄影

10.秦皇岛路码头

秦皇岛路码头，位于秦皇岛路32号，其前身为上港三区黄浦码头。黄浦码头东起大连路，西至秦皇岛路，北依杨树浦路，原为滩地。1900年前后，日本南满洲铁路会社购下这块滩地建造码头仓库。1913年改建为方木固定码头，全长296米，前沿水深6.1米，码头后方建有仓库11座，可容杂货1.7万吨，露天堆场可堆煤炭4万吨。

1919年3月14日，26岁的毛泽东与一批准备赴法勤工俭学的湖南青年到达上海，这是毛泽东生平第一次来到上海。3月17日上午，包括43名湖南青年在内的第一批赴法人员89人，乘坐日本的"因幡丸"号轮船从杨树浦黄浦码头起航。毛泽东和吴玉章等一起来到码头送行，同他们一一话别，许久地挥着手，望着轮船渐渐远去。那个年代，从这个码头先后赴法勤工俭学的有周恩来、邓小平、聂荣臻、蔡和森、蔡畅、向警予等一批革命先驱。

1920年，16岁的邓小平登上一艘从重庆开往上海的汽船，开始他的赴法之旅。在上海逗留一周后，也是从这个码头乘上经过改装的货轮"昂特莱蓬"号，途径香港、越南、新加坡和锡兰（今斯里兰卡），于10月19日抵达法国马赛，开启其留法勤工俭学之旅。

1920年，码头归日本大连汽船株式会社所有，并于1934年改建为水

黄德奎／摄影

泥固定码头。抗日战争胜利后，由江海关接管，交中央信托局管理经营。上海解放后，由上海港务局接管、经营，归属上港三区。1980年，加固成40米宽的高桩板梁结构平台码头，有泊位2个，每个泊位长149.2米，前沿水深8.5米，可同时停靠7000吨级海轮2艘。后方建有仓库5座，总有效堆存面积为1.42万平方米。1993年，改由上海港客运服务总公司统一经营管理，成为沿海客货班轮停靠码头之一。

上海世博会期间，这里曾设为秦皇岛路水门码头，是黄浦江游览项目的重要集散码头，从这里搭乘"水上巴士"可直接入世博园区浦东M2码头。如今的码头附近保留了8幢建于上世纪20年代的老建筑，是上海市美术家协会创作中心所在地，集观光、休闲、餐饮于一体，有"东外滩艺术空间"之称。

上海国际航运服务中心／供图

11. 上海国际航运服务中心

　　上海国际航运服务中心，是原汇山码头的所在地。汇山码头东起秦皇岛路，西至公平路，岸线长约825米，为客货运码头，是上海港沿海客运站所在地。1949年前码头西部为华顺码头，东部为汇山码头。原汇山码头前身是日本邮船会社码头，抗战胜利后为美国驻沪海军司令部占用。华顺码头又名老宁波码头，建于清咸丰十年（1860年），原名宝顺码头，属于美商旗昌轮船公司，光绪三年（1877年）售与招商局，光绪九年又转售

上海国际航运服务中心／供图

与英商公和祥码头公司，并改名华顺码头。20世纪60年代起，汇山码头与华顺码头、杨树浦码头一起由上海港务局接管经营，统称汇山码头。

1922年10月，爱因斯坦偕夫人爱尔莎应日本改造社邀请赴日本讲学，从柏林启程后，取道印度，于11月抵达香港，改乘日本"北野号"来到上海。在他临近上海的时候，船上的无线电广播中传来了他荣获诺贝尔奖的消息。11月13日上午，爱因斯坦抵达上海汇山码头，受到德国和瑞典总领事、中国学者、日本改造社代表、犹太人和一批中外新闻记者的欢迎。

汇山码头也曾是1937年淞沪抗战惨烈战斗的战场。

目前，上海国际航运服务中心已经入驻有数十家中央及国有大型企业，形成向西与外滩金融街区相接，向南与浦东小陆家嘴金融贸易区隔江呼应的"金三角"格局。

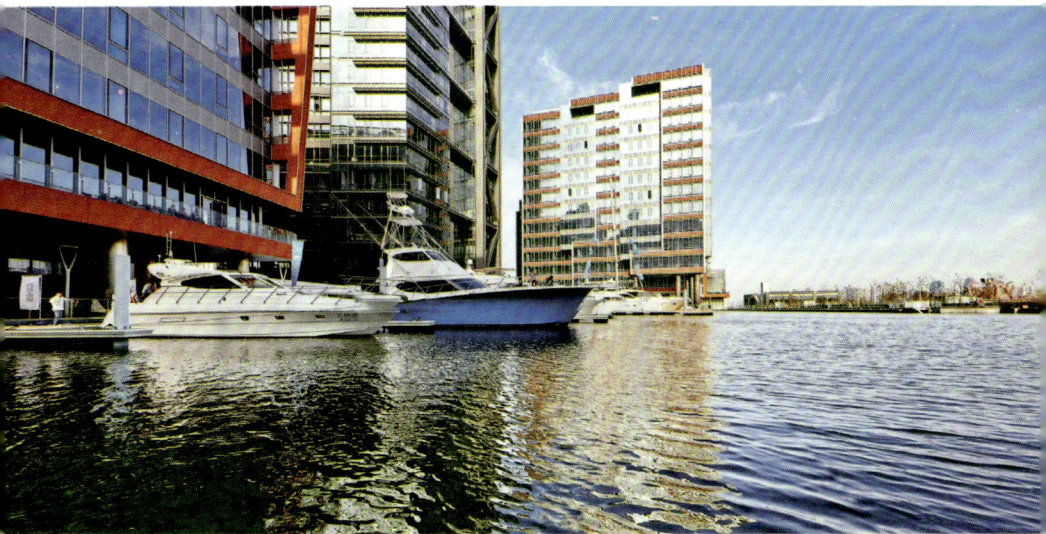

上海国际航运服务中心／供图

　　上海国际航运服务中心由上海国际港务集团、中国中化集团公司共同投资，新大厦突出了深化口岸信息功能和优化口岸服务环境，集中了检验检疫、海关、海事、边检等口岸职能部门及港、航、货、代、金融保险、法律咨询等航运相关企业单位，更凸现出口岸一站式服务的便捷与高效。

　　上海国际航运服务中心将围绕航运交易的核心功能，形成以航运办公为主，兼有综合商业配合的多功能商务小区。正在建设中的上海国际航运服务中心未来将吸引更多跨国航运企业总部进驻，促进航运交易、航运金融、航运保险等航运经济要素汇聚融合，并与洋山深水港区等形成互动发展，全方位打造亚洲乃至全球重要的航运经济中心。

12.白玉兰广场

白玉兰广场，位于东大名路501号。白玉兰广场包括一座66层、高320米的"浦西第一高"办公塔楼和一座39层、高172米的酒店塔楼，以及一些展馆、商业裙房等，总建筑面积42万平方米，其中地上26万平方米，地下16万平方米，集大体量商业、办公、酒店等多用途于一体。有"浦西第一高楼"之称的白玉兰广场不仅是上海的新地标，它还有多个"第一"：首次亮相上海的W酒店、浦西最大的无柱宴会厅、浦西唯一可俯瞰百年外滩和陆家嘴城市天际线的观光层、上海最大的IMAX影厅、中国最大的楼体LED屏等。

上海W酒店，新潮中融入了上海元素。从旋转门进入，纵跨4层楼，光影交织的弄堂风景跃然眼前。上海马路名、建筑名、怀旧品牌一一被做成霓虹名字牌悬于空中，中间穿插着颇具魔都特色的"阳台景观"。开放式的酒店大堂视野开阔，工作台的背景墙是东西方设计理念的结合，六边形金属被营造成万花筒的模样，这镜面艺术品将宾客在整个区域的动态反射出来，同时也寓意上海的多样性、包容性。背景墙被打造成石库门的感觉，透出浓浓的老上海风韵。还有随处可见的旗袍元素，每个细节都被深烙上代表上海文化的城市印记。酒店还有一个挑高达6.2米、面积超过2000平方米的上海浦西最大无柱宴会厅，宽敞气派。

作为白玉兰广场的"三剑客"之一，面积达11.2万平方米的购物娱乐区针对16至30岁的年轻人及年轻家庭，打造国际摩登购物中心，商铺涵盖零售、餐饮、超市、KTV娱乐、电影院等。购物中心将于2018年年底正式对外开放。目前，上海最大IMAX影厅已经确定入驻。"浦西第一高"的写字楼，也因为有着眺望浦江两岸风景和万国建筑群的极佳视野，吸引了世界500强、央企总部、国际大型航运物流公司、金融机构及律师事务所等高端企业的目光，66层将打造成可俯瞰浦江两岸美景的观光层。入夜，在虚拟人工智能灯光秀的勾勒、映衬下，白玉兰广场这个中国最大的楼体LED屏幻化出千姿百态的图案，浦西第一高楼"白玉兰"以更美的姿态绽放。

视觉中国／供图

　　上海300米以上的超高层建筑共有6幢，其中4幢在浦东陆家嘴，分别为总高度420.5米的金茂大厦、468米的东方明珠广播电视塔、492米的上海环球金融中心以及632米的上海中心大厦，浦西2幢分别为上海世茂国际广场和白玉兰广场，其中上海世茂国际广场总高度333米（含顶上天线高度），而建筑高度（不含顶部天线等各类设施）最高的则是白玉兰广场。

13. 上海港国际客运中心

上海港国际客运中心位于虹口区东大名路以南的黄浦江畔，拥有正对陆家嘴、远眺外滩建筑博览群的绝佳视角，是北外滩滨江地段上一个集客运、办公、休闲等功能于一体的综合建筑群。主要建筑包括国际客运码头、客运综合楼、国际港务大厦以及滨江绿地等。

国际客运码头按第四代邮轮母港的要求建设，岸线长约880米，可同时停泊3艘8万吨级的豪华邮轮，既能满足出入境口岸管理要求，又能为国际客运班轮、国际邮轮提供便捷、安全、舒适和人性化的服务。国际客运码头于2008年8月5日投入运营，其前身是建于1845年的上海高阳码头。国际客运码头已通过英国劳氏船级社的认证，成为中国首个通过质量认证体系的邮轮码头。2006年7月，意大利歌诗达邮轮公司旗下的"爱兰歌娜号"驶入上海，泊驻该码头，开启了中国大陆邮轮产业发展的先河。国际客运码头地处上海市的中心，除了美国的迈阿密和西班牙巴塞罗那等少数几个历史悠久的邮轮码头之外，这在全世界是不多见的。国际客运码头与上海吴淞国际客运码头共同组合成上海"一港两码头"国际邮轮母港，2015年已成为全球第八大邮轮母港。

客运综合楼采用水滴形外观设计，配以透明的低反射玻璃幕墙，从远处眺望，犹如晶莹剔透的水珠悬浮于浦江之畔。因此"一滴水"就成为上

上海国际航运服务中心／供图

海国际邮轮客运中心的代名词，是上海一个新的地标性建筑。

国际港务大厦顶部印有SIPG字样，是上港集团总部所在地。

滨江绿地"亲水、通透、美观"，占地6.6万平方米，岸线长约900米，形成开放的公共滨江绿化和观景岸线，为游客提供亲水的观光、休闲场所。坐落在绿地中的"彩虹桥"和"音乐之门"，以其优越的位置和独特的造型引得游客纷至沓来，流连忘返。

视觉中国／供图

五

万国建筑 海派经典

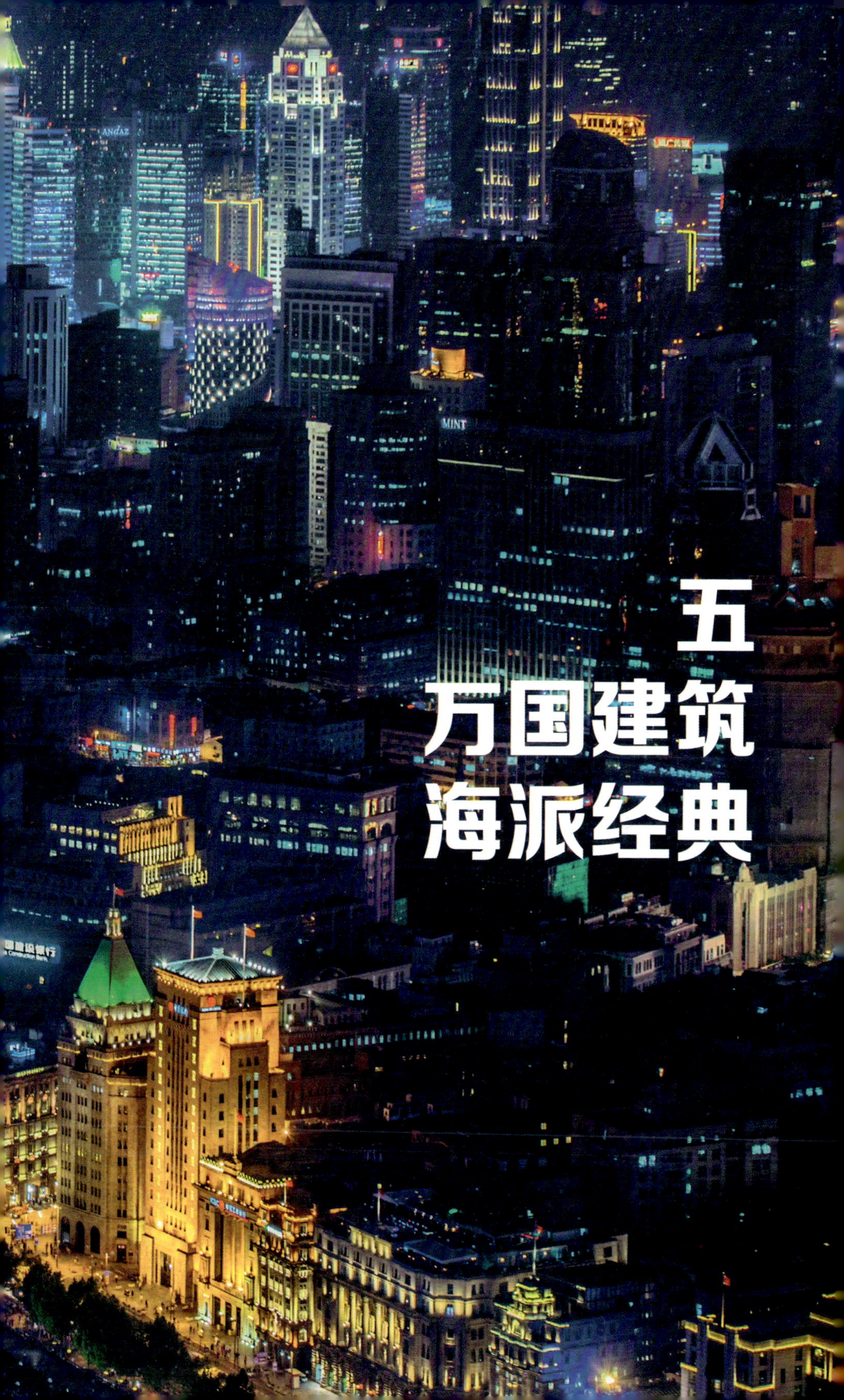

黄德奎／摄影

1.上海海鸥饭店
（上海国际海员俱乐部）

上海海鸥饭店（上海国际海员俱乐部）坐落于上海黄浦江与苏州河交汇处，外白渡桥北侧，风景优美，是浦江两岸景观资源绝佳的景观酒店。饭店景观餐厅享誉海内外。临江俯瞰，著名的外滩万国建筑、浦江风情和浦东陆家嘴新貌一览无余。

上海国际海员俱乐部原名上海海员俱乐部，建于1951年2月，原属中国海员工会华东区委员会。1958年，海员俱乐部归市工会联合会领导。1979年，根据国务院"要分期分批在沿海主要外贸港口建立国际海员俱乐部"的指示，改为上海国际海员俱乐部。

1984年，为适应工会国际活动的需要，上海市总工会投资1260万元建造新的上海国际海员俱乐部，为便于开拓业务，新建筑对外称为海鸥饭店。饭店1985年7月开业，2005年重新装修，楼高11层。海鸥饭店从以接待海员为主，发展到接待各国工会外宾和港澳代表团，成为市总工会领导下的一个外事接待单位。

　　上海国际海员俱乐部设有客房、酒吧、餐厅、舞厅、弹子房、电子游艺室、阅览室、理发室、邮电服务、商场和出租汽车等，为海员提供多种形式的阵地服务。此外，为组织海员下地参观、游览，俱乐部有英语、俄语、西班牙语、日语等十几个语种的外文翻译。俱乐部同时接待国内远洋海员。

　　上海海鸥饭店致力于打造国际化酒店，是WORLD HOTELS国际酒店集团及LES CLEFS D'OR国际酒店集团双重成员饭店。设有各类客房149间（套），3个风味迥异的特色餐厅及由5个会议室组成的国际会议中心，饭店装饰以古典欧式风格和现代化元素相结合，品味高雅，精致大气。

　　上海海鸥饭店目前是四星级旅游饭店。

2.俄罗斯联邦驻上海总领事馆

俄罗斯联邦驻上海总领事馆，原称"俄罗斯帝国领事馆"、"苏联驻上海总领事馆"，位于黄浦路20号，外白渡桥北侧，苏州河与黄浦江会合处，建筑面积3264平方米。该建筑建成于1916年12月，由德国设计师汉斯·埃米尔·里约勃设计。楼有四层，带阁楼，正面白墙红瓦。外部为德国文艺复兴式，细部装饰为巴洛克式，第四层是阁楼式，屋顶为四坡两折孟莎式。顶层上还有一个两层的瞭望楼，铁皮穹顶，上置旗杆。俄国领事

视觉中国／供图

馆凭借其独特的外形和内在的豪华装饰成为当时众多外国驻沪领事馆中的
经典之一，为上海市优秀历史建筑。

俄罗斯帝国驻上海总领事馆最早于1896年设立。1914年位于黄浦路
的新的总领事馆馆舍动工兴建。1917年十月革命后，所有前沙俄驻外使
领馆均被关闭。直到1924年，苏联政府和中国政府宣布建交，苏联驻沪
总领馆在原沙俄总领馆原址重新开始办公。1941年，太平洋战争爆发，
日军占领上海全境，苏联总领馆不得不再度闭馆。1949年，中华人民共
和国中央人民政府和苏联建立大使级外交关系，苏联驻沪总领馆也重新于
原址开馆。

上世纪50年代，苏联驻沪总领事和领事官员始终同中方保持着友好交
往。每逢11月7日苏联国庆节，总领馆一般都邀请上海方面的领导人出席
领馆举办的庆祝酒会；而每逢中国国庆、国际劳动节等重大节日时，领事
馆官员也积极参与其中。

中苏两国关系在1950年代末开始恶化，1962年9月28日，苏联驻沪总
领事馆宣布闭馆，并停止一切在沪的外交活动。

视觉中国／供图

　　随着中苏关系逐步走向正常化，1985年6月，中苏双方决定在上海市和列宁格勒市互设总领事馆。1989年10月4日，苏联驻沪总领馆在馆舍举行庆祝中苏两国建交40周年的招待会，时任上海市市长的朱镕基和市人大、市政协以及有关部门负责人应邀出席。

　　1991年11月，苏维埃社会主义共和国联盟宣告解体。苏联驻上海总领事馆则于1991年12月28日起更名为俄罗斯联邦驻上海总领事馆，领区范围（辖江苏、浙江、安徽三省和上海一市）和总领馆馆址均无变化。

3.浦江饭店
（原礼查饭店）

浦江饭店，原名礼查饭店，位于黄浦路15号。

1846年，英国商人阿斯脱豪夫·礼查在法租界与上海县城之间的公馆马路（今金陵东路）外滩附近建起了一座维多利亚时期巴洛克风格的阿斯脱饭店，专门为外商富豪们提供住宿和餐饮服务，这是礼查饭店的前身，也是上海第一家西式旅馆。

1856年，韦尔斯桥落成，苏州河两岸交流便捷。1860年，在今天的黄浦路15号原址附近，一幢两层楼的外廊式西式旅馆建成，阿斯脱饭店从金陵东路外滩迁移至此，改称礼查饭店。

1908年，外白渡桥开通有轨电车，礼查饭店拆迁后在东北几十米外重建，1910年建成今天这幢6层高、具有浓郁英国新古典主义风格的钢筋混凝土与砖木混合结构的建筑，成为当时远东最著名的西商饭店之一。

礼查饭店在1867年就已开始使用煤气。1882年7月26日，英商上海电光公司开始对外供应照明电，上海首次试燃15盏电灯，在礼查饭店及花园内就点亮了7盏，被誉为"奇异的自来月"，开创了上海使用电灯的历史。1901年，礼查饭店就装上了电话，是上海最早使用电话的单位之一。1913年12月29日起，礼查饭店引进了来自美国的"有声"电影。

黄德奎／摄影

视觉中国／供图

1879年5月17日，连任两届（1869—1877）的美国前总统格兰特退休后抵达上海，下榻礼查饭店，这是美国第一位当过总统的人访问上海。

1920年，英国哲学家罗素访问上海就入住礼查饭店。

1922年12月31日，爱因斯坦从日本抵达上海，也是入住礼查饭店。

1931年，《西行漫记》的作者埃德加·斯诺夫妇下榻礼查饭店。斯诺称赞礼查饭店为"最富有历史意义的旅馆"。

1959年5月27日，礼查饭店更名为浦江饭店，专门接待外国客人和华侨。

1990年12月19日，新中国第一个证券交易所——上海证交所在这里开业。

1997年年底，上海证交所迁往新址。浦江饭店本着"修旧如旧"的原则实施了保护性修缮，尽力恢复19世纪欧洲建筑的原貌。如今走进饭店的大堂，宾客仿佛置身于欧洲古典城堡。大厅内矗立的爱奥尼克式立柱，犹如数位亭亭玉立的少女在向您致意。深褐色的柚木护墙板折射出古典庄重的氛围。曾经久负盛名的原远东第一交谊舞厅——孔雀厅经过精心修缮，依然华丽精致、完好如初。今日的浦江饭店历经百年沧桑，正在重新显现出她的迷人魅力。

礼查饭店还是祥生汽车出租公司的创办人周祥生发迹的地方。周祥生曾在礼查饭店当侍应生，一次偶然的机会，他捡到约合500银元的卢布，于是另借部分钱款，买了一辆日制的"黑龙牌"旧汽车，开始经营汽车出租业务，开创了中国人经营出租汽车业的先例。

4.上海大厦
（原百老汇大厦）

　　上海大厦，原百老汇大厦，位于北苏州路20号，为国家级近代历史文物保护建筑，因其原坐落在百老汇路（今大名路）1号而得名。曾是外滩3座最高的建筑之一，18楼露天平台是俯瞰外滩的最佳观景点。大厦由英国著名设计师法雷端设计，1934年竣工，是上海高层建筑趋向现代主义的早期作品，立面简洁，内部装饰上更融入了现代美学的发展趋势，是装饰主义艺术风格的典型实例。

　　上海大厦主楼高76.7米，共22层，从11层起逐层收进，建筑结构采用近代摩天大楼形式，外形呈平面形状为两端开敞的"一"字形（＞一＜状）。大厦外墙底层用暗红色花岗石贴面，其他各层均使用咖啡色泰山面砖。在建造当时是一幢专供来沪洋人租住的高级酒店公寓。内部设计完全是西式风格，生活设施一应俱全，有暖气设备、标准卫生设备。配套的4层车库，巧妙地设计成8层停车面，是当时远东最大的汽车库，也是最早的楼内停车场。大堂东侧的一架钢琴、英国吧内的那张老式斯诺克台球桌和堪称是近代"元老级"的老式手摇式电梯是上海大厦的三件"镇店之宝"。

　　1937年，"八·一三事变"爆发，上海被日本侵略者占领。上海大厦

视觉中国／供图

视觉中国／供图

被低价卖给日本的恒产株式会社。抗日战争胜利后，国民政府接收此大厦，住进了美国军事顾问，大门由美国宪兵把守。

1949年5月25日，在解放上海的战役中，上海大厦成为解放大上海的最后一个堡垒。5月27日，上海大厦顶部冉冉升起五星红旗，历经百年沧桑的上海终于回到了人民的怀抱。

1951年5月1日，大楼正式更名为上海大厦。内设客房241间，包括中、美、英、法、日以及阿拉伯国家和地区的特色套房，还附设各种娱乐设施和购物场所。

自1956年始，我国领导人刘少奇、周恩来、陈毅、江泽民等在上海大厦曾先后接待过法国总统蓬皮杜、柬埔寨西哈努克亲王、瑞典国王卡尔十六世等120多位（批）世界各国的国家元首、政府首脑、政府代表团，陪同他们在18楼露天平台登高远眺上海的外滩城市景观。

1980年，上海大厦作为酒店对外开放，现为五星级酒店，隶属衡山集团。

黄德荃／摄影

5.外白渡桥

外白渡桥是上海历史上第一座钢铁桥梁，也是中国第一座全钢结构桥梁。大桥位于苏州河和黄浦江交汇处，全长104米，分成两跨，每跨52米，宽18.3米，重850吨，由当时上海公共租界工部局主持修造，所有钢材料皆从英国进口，由英国工程技术人员完成整座桥梁的设计和架构。

1855年前，此处没有桥梁，人们要渡过苏州河只能乘小船摆渡。1856年，英国商人韦尔斯集资建造了跨苏州河的第一座木结构桥梁，称韦尔斯桥。中间有吊桥，当有桅杆的帆船通过的时候，吊桥可吊起放行。桥建成后，外国人过桥可不付费，中国人过桥必须要付费，由此引起了中国人民的公愤。最后管辖租界的工部局只得出资将此桥买下，并在1873年7月拆除，同时另建了新的木结构桥，因新桥靠近黄浦公园，故被命名为公园桥。从此，中国人过桥不再收费。由于新桥位于外摆渡口，不付费就可白白渡过苏州河，所以大家叫它为外白渡桥。1906年公园桥被拆除，工部局改建钢铁桥，英国豪沃思·厄斯金公司以1.7万英镑中标，并由英国达林顿市克利夫兰桥梁建筑公司制造钢件，威斯敏特市的帕利和比德公司代表工部局在英国监督加工制作。1907年外白渡桥建成通行。

2008年4月至2009年3月外白渡桥移入上海船厂进行大修，并列入上海市级建筑保护单位。此次大修按照"修旧如故"的原则进行。大修竣工后，于2009年4月8日向行人开放，两天后正式通车。经过修缮后的外白渡桥主要有三大变化：一是桥上的三角形托架变成了弧形；二是把人行道由混凝土路面变为木质桥板；三是为桥身增添了主色调为暖黄色的景观照明灯。前两大变化使外白渡桥的历史原貌得以恢复，更显海派风情；后一大变化强化了外白渡桥与外滩游览区灯光整体的协调性，使其更显温馨与浪漫。此外，为了满足"再用50年"的功能性要求，又把老桥的旧木桩在原位全部换成混凝土桩。桥身的弧形托架上安装了名为"城市之光"的LED泛光照明灯，入夜后，远远望去，流光溢彩的外白渡桥犹如一道美丽的彩虹。

视觉中国／供图

6.外滩

外滩北起外白渡桥，南至延安东路中山东一路一带，地形呈新月形。外滩建筑主要有浦东发展银行大楼、海关大楼、和平饭店和上海大厦等近30幢优秀近代建筑，被誉为"万国建筑博览会"。1996年"外滩建筑群"被评为全国重点文物保护单位，2009年"外滩晨钟"入选新"沪上八景"，2015年外滩入选"中国历史文化街区"。

"外滩"一词的由来，最具有代表性的说法是：在上海的地名习惯用

视觉中国／供图

视觉中国／供图

词中，一般把河流的上游叫"里"，河流的下游叫"外"。黄浦江进入上海老城厢后在陆家浜（今陆家浜路）附近形成一个急弯，于是上海人就以陆家浜为界，称其上游为"里黄浦"，下游为"外黄浦"。外黄浦的滩地就叫"外黄浦滩"，或被简称"外滩"。

　　1840年前，外滩一带是上海城厢外东北面的沿江滩地。1843年上海被迫正式开为商埠。1845年，外滩一带被划为英租界。1849年法国在英租界南侧设立法租界。外滩逐渐出现了外国领事馆、外国银行、外国洋行等机构，形成一条商业街。这条街曾多次易名，如1865年改名为扬子路，1890年改为黄浦滩路，1945年国民党政府为纪念孙中山，改名为中山东一路，并沿用至今。

　　1843年，英国怡和洋行进驻外滩，这是在上海开分号的第一家外国公司，打破了外滩房舍中仅有中国传统的票号和钱庄的格局。自从1847年英国丽如银行（又称英国东方银行）进驻外滩，成为进入上海的第一家外国银行之后，各国银行纷纷进入外滩。二十世纪二三十年代旧中国最重要的27家银行，有22家的总行设在这里，外滩成为中国和远东最大的金融中心，被称为"东方华尔街"，上海也被誉为"东方巴黎"。1850年，英国人修建了与外滩成"丁"字形的、专供外国人休闲的"派克弄"，这就是今天南京路的前身。

外滩在20世纪90年代和2010年上海世博会前夕经历了两次大规模改造。尤其是世博会前夕的改造，即2007年7月至2010年3月的改造，拆除"亚洲第一弯"延安东路高架外滩段和吴淞路闸桥；外白渡桥移厂大修；开通中山东一路地下隧道即外滩隧道；滨水区域地面和防汛墙的改造；扩建、增设黄浦公园广场、陈毅广场、金融广场和信号台广场等"四大广场"。外滩形成地面、广场、空厢防汛墙观景大道3个层面，市民和游客活动的区域明显增多。"情人墙"亲水平台绵延1千米的水幕，即"灯光瀑布"的浪漫景观和富于变化的"万国建筑幻影"灯光景象增添了外滩夜上海的魅力。此次改造全面提升了外滩滨水区域的环境品质，更加凸显了"万国建筑"的历史文化风貌与特色。

7.黄浦公园

　　黄浦公园，曾名公共花园、大桥公园等，位于外滩北端，由工部局于1868年建成，是上海最早的欧式花园。

　　公园建成之初，专供外国侨民休憩、游乐，拒绝华人入内。1881年4月6日，虹口医院医生颜永京和怡和洋行买办唐茂枝等要求入园，结果被阻，颜永京等致函工部局质问。此后，要求工部局取消歧视华人的规定，开放外滩公园的呼声不绝于耳。"五卅惨案"以后，公共租界当局被迫取消了一系列对华歧视政策。1928年6月1日，公园正式向华人售票开放。1946年1月20日，正式改名黄浦公园。

　　黄浦公园分别在20世纪90年代初期和上海世博会前夕进行了两次改造。1992至1993年的改造主要是在江堤筑起了474米长的防汛墙，在苏州河与黄浦江交汇口的圆岛上开辟了"新世纪广场"，建立了"上海市人民英雄纪念塔"。塔体为3根高60米的花岗石，寓意鸦片战争、五四运动、解放战争以来在上海为人民革命事业英勇斗争、献出生命的人民英雄们永垂不朽。纪念塔圆岛广场四周的浮雕全长120米，总面积335平方米，全部用花岗石雕凿而成。中间自左至右七组浮雕表现了1840年至1949年间上海人民的革命斗争历史，两翼为装饰性的花环图案，象征对革命先烈的哀悼。浮雕分为七组：第一组，是陈化成坚守吴淞炮台，英勇抗击英国侵略

黄德奎／摄影

军，以及1853年小刀会起义；第二组，是邹容撰写《革命军》以及"苏报案"事件和秋瑾创办《女报》；第三组，是上海日本纱厂二月大罢工、五卅运动，上海工人三次武装起义；第四组，是中共一大会址和南湖红船；第五组，是"左联五烈士"和"八百壮士四行仓库抗击日本侵略军"、"十九路军'一·二八'淞沪抗战"；第六组，是上海学生"反饥饿、反内战、反迫害"爱国民主运动和上海工人、学生的护厂、护校活动；第七组，是庆祝上海解放。浮雕共有97个典型人物，表现了先烈们伟大的革命业绩。大型花岗岩石浮雕正对面是外滩历史纪念馆。纪念塔以黄浦江为背景，奔腾不息的江水象征着一百多年来上海人民前仆后继、百折不挠的斗争历史。2009年2月至2010年3月的改造，在公园的南端和北端建成了两个小广场，被称为"黄浦公园广场"。北侧有大型青铜圆雕"浦江潮"。

黄德奎／摄影

8. 外滩源

外滩源地处外滩的北端，外滩源内原英国驻沪总领事馆（1号楼）、原英国驻沪总领事馆官邸（2号楼）、原教会公寓（3号楼）、原新天安堂（4号楼）和原划船俱乐部等5幢建筑是全国重点文物保护单位——"上海外滩建筑群"的重要组成部分。外滩源，顾名思义，这里是外滩的源头，被誉为"外滩皇冠上的明珠"。

外滩源建筑群中最引人瞩目的就是原英国驻沪领事馆。1849年，英租界得到清政府批准，在现址（中山东一路33号）建成外滩第一幢欧式建筑——外滩33号的英国领事馆。1870年12月24日深夜零点，英国领事馆失火，房屋和文件档案全部付之一炬。如今的英国领事馆建筑，由英国建筑师格罗思曼和鲍依斯设计并负责监造，文艺复兴式府邸风格并带有外廊式建筑特征。1872年工程竣工，建筑占地38559平方米，砖木结构，主屋高两层，平面呈十字形。立面呈英国文艺复兴风格，屋前是一个典型的英式花园；屋顶是西式的四坡顶，却就地取材铺设着中式小青瓦。这幢建筑在材料、工艺上有着显著特点，并且它还是在中国最早使用水泥的一个实例，因此在建筑史上具有里程碑式的意义。现为上海金融家俱乐部和外滩源1号酒窖所在地。建筑北侧的领事官邸，建于1884年，是一幢二层楼砖木结构房屋，建筑艺术风格与主屋相同，供领事生活起居之用。

黄德奎／摄影

视觉中国／供图

9.光大银行大楼
（原东方汇理银行大楼）

　　光大银行大楼，原东方汇理银行大楼，位于中山东一路29号，1914年建成，巴洛克式建筑风格。

　　东方汇理银行于1875年由法国社会实业银行、巴黎商业银行、巴黎荷兰银行等联合发起成立，总部设在法国巴黎，1899年在上海设立分行。该行业务是发行纸币、吸纳存款、代理结算汇兑。银行取名"东方汇理"，寓意法国在远东贸易结算和汇划。

　　大楼建筑采用钢筋混凝土结构，外观上沿袭了西方的古典主义建筑艺术风格，讲求艺术效果，东立面为横3段式。建筑外观用工整的石块贴面并勾勒水平线条，使建筑显得匀称、典雅。建筑造型采用巴洛克艺术风格，外观为文艺复兴式。底层门窗被处理为拱门形式，而中间入口拱门上方的断山花，则体现出巴洛克的设计手法。大楼共3层，平均层高达7米以上，居外滩建筑中平均层高之首。整幢大楼表面雕刻装饰富有凹凸感，利用光线明暗对比强烈，虽然体量不大，但建筑专家评价它是上海少见的纯正的法国建筑。

　　建筑底层为基座，几乎占了立面高度的五分之二，采用苏州花岗石贴面，窗户和入口被处理成高大的拱券。为加强主入口的视觉效果，入口拱券内用一对塔司干式柱子支承楣构，窗户为高大的拱券形，显得庄重厚实。第二层和第三层立面正中贯以爱奥尼克柱子，与底层入口处的柱子一样，均采用质地坚硬的青岛花岗石并经抛光处理，是正统的古典主义手法。二楼中间的窗框两侧均有爱奥尼克柱或塔司干柱，且有券形的立体窗檐、窗楣、阳台和顶部檐口处理均带有法国情调的巴洛克风格。大楼顶部中间为石栏杆，两边墙上有垂花雕饰，这种装饰手法也是巴洛克建筑中最常用的。大楼内部大厅，以大理石装修。按当时银行建筑中较为通用的格局，楼梯居中，上有玻璃顶棚，营业大厅采光良好。

1996年中国光大银行通过房屋置换取得了使用权。

黄德奎／摄影

视觉中国／供图

10.外滩观光隧道

　　外滩观光隧道，地处上海的钻石地段，浦西出入口位于外滩陈毅广场北侧，浦东出入口位于东方明珠电视塔南侧、国际会议中心门前草地旁。它于2000年开通运行，是我国第一条越江行人隧道，将外滩和陆家嘴两大旅游区连为一体。

　　外滩观光隧道是融交通与旅游功能为一体的标志性景观工程。外滩观光隧道首次采用地下冷却塔，以保持浦西外滩和浦东滨江大道的环境

协调、完整。隧道内壁由高科技手段营造的各种奇异的色彩变换不停，黄色的海星，粉色的花朵，形状各异的几何图案，各种充满生机的地球生物，跃动着生命的力量，引人遐思。而穿越这一梦幻之旅的载客系统采用的是从法国引进的无人驾驶、环保型的SK车厢，银白色、全透明的车厢视野开阔，同时车厢内6声道高保真音响系统送出的音乐和音响效果与眼前的景观变幻相结合，使过江过程带有极强的趣味性、娱乐性和刺激性，让游客感觉如梦如幻，产生一种身临其境的震撼。

外滩观光隧道内径6.67米，隧道全长646.7米，采用目前国际上最先进的连续式轨道自动车厢运输系统，整个过江时间在2.5-5分钟，每小时最大输送量达5000人次。

11.中国银行大楼

中国银行大楼，位于中山东一路23号。1937年建造，建筑艺术风格具有鲜明的中国传统文化艺术特色。

这里原是一幢1907年落成，充满德意志古典建筑浪漫色彩的房屋，房屋的主人是上海德侨社团——康科迪亚总会。1917年8月14日，中国加入协约国的英法一边对德宣战，康科迪亚总会被关闭，很快由中国银行收买作为行址。

1934年，出于业务发展的需要，中国银行董事会决定建造一座新的办公大楼，并专门成立了大楼管理处理事会，负责大楼的建造事项，国外部经理兼上海分行经理贝祖贻担任理事长。巧合的是，时隔半个世纪之后，贝祖贻之子、著名华人建筑设计大师贝聿铭先生又成为香港中国银行大楼的设计者。

大楼设计高达34层，这是一个具有颠覆性的高度。地基建成后，沙逊大厦业主维克多·沙逊得知要建34层大楼，便提出高度不得超过沙逊大厦的金字塔尖顶。沙逊出面干预，中国银行据理力争。造34层高楼虽是宋子文等人的主张，但在主权都丧失的旧中国，中国银行被迫让步，修改图纸，将楼层降低至17层（现主楼），顶部比沙逊大楼"金字塔"顶低0.3米。毕业于伦敦英国建筑学会建筑学院的陆谦受当时年仅30岁，任上海中国银行建筑科科长负责大楼的设计。他用充满智慧的建筑语言，为中国银行争了光。中国银行蓝色琉璃瓦覆盖的四方攒尖的方顶比沙逊大厦的尖顶更加雄伟气派，檐口以斗拱装饰，视觉效果大方、稳健、挺拔。大门前的一对貔貅、入口处的9级台阶、立面的中国钱币形镂空窗框、门柱上如意图案雕饰都鲜明地表现出中国文化的精神与气质。两座并肩耸立的大厦，是东西方建筑师的文化较量。

12.和平饭店
（原沙逊大厦）

和平饭店，原沙逊大厦，曾为华懋饭店，位于南京东路20号。1929年建成，楼高77米，装饰艺术派建筑风格，钢框架结构，以绿色铜护套屋顶为最大特色。外墙采用花岗岩石块砌成，由旋转厅门而入，大堂地面用乳白色意大利大理石铺成，顶端古铜镂花吊灯，豪华典雅，沙逊大厦是犹太商人维克多·沙逊在上海建造的第一座高层建筑，曾有"远东第一楼"的美誉。

1872年，沙逊家族在孟买成立新沙逊洋行，1877年来上海设立分行。同年10月，沙逊家族以8万两白银的价格买进了琼记洋行位于南京路外滩20号的地产，并建造了2幢2层楼的洋房，当时称这2幢楼为"沙逊姊妹楼"。1926年4月，沙逊家族第三代掌门人维克多·沙逊（上海人称他"跷脚沙逊"）决定拆除旧房。1929年9月5日新楼落成，就是如今的和平饭店。

沙逊大厦由当时著名的英商公和洋行设计，采用当时美国流行的芝加哥学院派的设计手法，从体型、构图，到装饰细部，都已大幅度简化，是上海终结复古主义样式、开创"摩登建筑"时代的第一座建筑。

饭店内讲究的"拉力克"艺术玻璃饰品、独一无二的九国式特别套房和

黄德奎／摄影

视觉中国／供图

深受海外游客欢迎的上海老年爵士乐队颇具特色。

二十世纪三四十年代，鲁迅、宋庆龄曾来饭店会见外国友人卓别林、萧伯纳等。饭店接待的其他社会名流还有诺贝尔物理奖获得者、享有"无线电之父"美誉的马可尼等。剧作家诺埃尔·考沃德的名著《私人生活》就是在此写成的。1945年12月20日，美国特使马歇尔上将曾下榻于华懋饭店。"中国火箭之父"钱学森也曾在华懋饭店举行婚礼。

1956年，大厦经整修后对外开放，改名为和平饭店。1991—1992年度、1993—1994年度，维也纳世界饭店组织将和平饭店列为"世界著名饭店"之一。1998年美国总统克林顿在上海访问期间的晚宴曾在此楼举行。同年10月，海峡两岸关系协会会长汪道涵和台湾海峡交流基金会董事长辜振甫在和平厅举行"汪辜会晤"。

历经三年，耗资5亿港元，和平饭店于2010年7月完成修缮。饭店的外立面、大理石地面、雕花屋顶、大厅中的古铜镂花吊灯等有"和平文化"的经典元素都被悉数保留，服务质量则进一步升级，成为无可厚非的"世界经典酒店"。翻新后的饭店中文名称保留了"和平饭店"，英文名称更改为"Fairmont Peace Hotel"。

13.斯沃琪和平饭店艺术中心
（原汇中饭店）

　　斯沃琪和平饭店艺术中心，原汇中饭店，1965年至2008年曾为和平饭店南楼，位于南京东路23号，1908年建成。大楼的前身叫中央饭店，和礼查饭店（今浦江饭店）一起，并称上海最早最豪华的两家饭店。

　　1854年，中央饭店在南京路外滩建造了一座文艺复兴式的3层楼英国式楼房，是当时上海最豪华的旅馆，也是西方侨民在上海建造的第一家带餐饮业的旅馆。同年上海英租界工部局曾租借这里召开董事会，1865年4月汇丰银行借租这里开设上海分行。1895年，英商汇中洋行涌过股权交换，控制了中央饭店，并于1903年改名为汇中饭店。

　　1906年，汇中饭店决定将旧楼拆除重建新楼，由祥

视觉中国／供图

泰洋行的工程师施高塔设计，故门楣上刻有"1906字样"。大楼于1908年落成，建筑造型采用巴洛克艺术风格，外观为文艺复兴式，内装饰富有欧洲情调。建筑主体为砖木混合结构，部分采用钢筋混凝土，6层楼，高30米。大楼入口为古典式构图，正大门为转门。两层以上镶贴白色面砖，楼层间和最上两层的窗间墙采用红砖带饰，部分窗口上沿用红砖砌成三角形或弧形楣饰。饭店有上海最早的两部美国进口的奥梯斯电梯和上海最早的屋顶花园。

1909年2月，世界第一次国际禁毒大会——又叫"万国禁烟会"——在汇中饭店举行。1911年，孙中山赴南京就任中华民国临时大总统，途经上海出席全市各界在汇中厅举行的欢迎大会，提出了"革命尚未成功，同志仍须努力"的著名口号。

1965年，改建为和平饭店南楼。

1996年11月25日，世界33个国家、地区和国际组织的禁毒专家及官员汇集这里，出席由联合国禁毒署举办的"上海国际兴奋剂会议"，同时为1909年的"万国禁烟会"会址立纪念牌于大门西侧。

2008年，和平饭店南楼重新修葺，现有的三层客房改造成为斯沃琪和平饭店艺术中心，邀请世界各地的天才艺术家在此进行艺术创作和交流展示。受邀的天才艺术家可以在此免费住宿6个月进行艺术创作，斯沃琪和平饭店艺术中心将从每位艺术家的创作中挑选一件最优秀的艺术作品作为收藏。大楼底层是斯沃琪集团开设的精品钟表旗舰店，展示顶级钟表品牌宝玑、宝珀、欧米茄等产品。

视觉中国/供图

14.陈毅广场

陈毅广场位于上海外滩中山东一路南京东路口东面，总面积约4457平方米，为了纪念新中国上海市第一任市长陈毅而建，广场中央陈毅的塑像昂然矗立。

陈毅塑像坐北朝南，用青铜浇铸，高5.6米，底座用红色磨光花岗石砌成，高3.5米，正面镌刻着"陈毅"两字及生卒年份"1901—1972"。雕塑中的陈毅同志一手叉腰、手挎军大衣，风尘仆仆，再现了陈毅同志视察工作时的姿态，显示他一路风尘、勤勤恳恳的公仆形象及和蔼可亲、虚怀若谷的儒将风度。他为解放上海、建设上海立下了不朽功勋。上海人民对这位老市长怀有崇高的敬意和深切的思念。

15.中国外汇交易中心大楼
（原华俄道胜银行大楼）

中国外汇交易中心大楼，原华俄道胜银行大楼，简称"华胜大楼"，后来产权转属中央银行，所以又叫"中央银行大楼"。它位于中山东一路15号，建成于1903年，法国古典主义建筑风格。

1895年，当时的沙皇俄国为了巩固其在华势力，由俄国的圣彼得堡万国商务银行联合法国的几家银行组成了道胜银行（总行在彼得堡），并于次年诱使清政府参股，与清政府合资成立了"华俄道胜银行"，成为中国第一家中外合资银行，合资股东为中、俄、法三国。"海上四大闻人"之一的虞洽卿也曾在这家银行当过买办。1899年，该行开始兴建华俄道胜银行大楼，1903年建成。1926年，华俄道胜总行因金融投机被迫停业，上海分行也相应关门。

1928年11月1日，此楼成了中央银行的所在地。

上海解放后，此大楼曾是上海民主党派集中办公的地方，20世纪80年代上海航天局也曾进入办公。

1994年4月中国外汇交易中心成立，原华俄道胜银行大楼经置换成为该中心的办公处所。

该楼为砖石钢筋混凝土结构，用很厚的砖墙承重。建筑平面呈"W"

视觉中国／供图

形。大门左右两面有4个券窗。二层有5个秀气的长拱形的玻璃窗。三层中部有3个方形圆角的玻璃大窗。二、三层立面贯以6根秀美的爱奥尼克石柱。三层檐下及柱顶装饰以古希腊、古罗马神话人物头像浮雕。楼顶南、北角各有一座蘑菇形的小巧的装饰堡。楼内有彩色玻璃顶棚覆盖的华丽的中央大厅。建筑立面用花岗石西洋古典柱式及女神像装饰，属新古典主义派的文艺复兴风格。外墙镶嵌白瓷砖与花岗石相拼，苏州花岗石錾石勒脚，瓷砖做墙面在当时还属于首创。底层有4扇月洞形窗，雕花铁门。在大厅里有一"W"形的反向大理石扶梯，具有俄罗斯风格。

这幢建筑不仅豪华，而且采用了不少新技术、新设备，它开创了上海建筑的数项第一：第一幢使用瓷砖贴面的建筑，最早安装卫生设备的建筑，最早使用砂垫层替代打桩的建筑。

视觉中国／供图

16. 海关大楼
（原江海关大厦）

　　海关大楼，新中国成立前称"江海关大厦"，位于中山东一路13号，1927年12月建成，造价425万两白银，折中主义建筑风格。

　　1846年，上海道台宫慕久在英国驻上海领事巴富尔的威胁引诱下，把海关关署正式搬到英租界的中心区（今汉口路外滩），称"北关"，俗称"新关"，也称"江海北关"。今天的汉口路当年就叫海关路，它阅尽了自清朝道光年间至民国时期四座海关大楼更替的历史。1853年小刀会起义，人民群众一举捣毁了海关。小刀会被镇压后，海关权落入洋人之手，人们又把海关称为"洋关"。1857年，清政府在汉口路外滩重建海关大楼，这就是上海早期的江海关。这幢建筑为古庙式，建有牌坊一座，上书"上海北关"4个大字。1891年，上海海关已由英国人赫德掌权，决定拆除旧楼，请英国工程师设计，由浦东川沙人杨斯盛的营造厂承建，于1893年上海开埠50周年时落成，将原庙宇式的海关改建为英国教堂式样，此为中期江海关。

　　现在的海关大楼是在原址上重建，这是继汇丰银行之后上海又一座巨型的钢框架结构大楼。1927年12月落成。楼高78.2米，外观设计采用新古典主义建筑艺术风格。外墙用金山石砌筑，顶部的钟楼为整幢建筑纵轴线，两边门窗及雕刻图案对称、和谐。东立面大门有四根粗壮的多立克柱子支撑，是典型的古希腊多立克柱式。海关大厅天然大理石柱上有贴金花纹，中央藻井有正八角形穹顶，顶部八个侧面各有一幅彩色马赛克镶拼帆影海事图案为饰，金碧辉煌，精美无比。

视觉中国／供图

　　大楼顶部有中国最大、建造最早的海关大钟，钟楼有四个钟面，每面都用100多块大小不一的乳白色钢化玻璃拼成。每个钟面的直径为5.4米，装有自动开关的电灯72盏，晚上通体明亮，硕大的数字在几里外也清晰可见。钟楼上有1口大敲钟、4口小钟。每隔15分钟，4口小钟就会响起叮咚叮当之声；每隔1小时，1个135公斤重的大铜锤便敲击最大一口钟，发出雄壮的整点钟声，回音可持续10秒左右，钟声传到数里之外。英国Joyce &Co.Ltd制造了这口亚洲第一大钟，总造价为5000多两白银，1927年制成，同年8月从伦敦运到上海，原包装木箱连同大钟共重6.25吨。

1928年1月1日凌晨1点，海关大钟敲响了第一声，一直以英国皇家名曲《威斯敏斯特》报刻。1966年，大钟报刻的《威斯敏斯特》乐曲改为《东方红》，钟锤钟铃停止使用，改为电子打点和奏乐，钟铃端四面共放48只扩音器，按时向全市播放。1986年10月英国女皇伊丽莎白二世访问上海，海关钟楼的钟面恢复原状，重新开始机械打点，又响起了《威斯敏斯特》乐曲。1997年再次停奏海关大钟报时《威斯敏斯特》乐曲，海关大钟照常机械运转，钟声仍准点响起，无乐曲伴奏。2003年5月1日起，海关大钟再度恢复播放《东方红》报时音乐。

2009年，"外滩晨钟"被列入"新沪上八景"之一。海关大楼和南侧的汇丰银行大楼均出自英国建筑设计大师威尔逊之手，从建筑艺术角度来讲，汇丰银行大楼雍容典雅，海关大楼雄健挺拔，它们是一对姐弟楼，并列一起相得益彰。

17.上海浦东发展银行大楼
（原汇丰银行大楼）

　　上海浦东发展银行大楼，原汇丰银行大楼，位于中山东一路12号，1923年建成。古典主义建筑风格，又带有新希腊建筑艺术风格的装饰。被英国人称为"从苏伊士运河到远东白令海峡的一座最讲究的建筑"。

　　1864年，汇丰银行在香港成立。汇丰银行是与中国的工商企业、金融银行渊源最深的外资银行。1865年4月，上海分行成立。上海分行成立之初在今南京路外滩，即原汇中饭店旧址，是一座规模较小的英式3层小楼。1874年因业务量渐大，楼房不够用，购买了海关南面西人俱乐部的房子和大草坪，造了一座3层楼房，即在今天的福州路外滩。1921年，汇丰银行买下其南面11号别发洋行、10号美丰洋行的房产，将老房拆除，委托公和洋行设计，英商德罗·可尔洋行承建。1923年建成汇丰银行大楼。

　　1955年，汇丰撤出上海，大楼归国有。上海市政府进驻，将其改名为"上海市人民政府大楼"，简称"市府大楼"。

　　1990年，汇丰曾经与上海市政府接触，想购回大楼，但最终因价格原因没有实现。1997年，上海市政府搬离大楼，上海浦东发展银行通过置换购得该大楼的使用权。2000年5月，汇丰银行将其中国业务总部移至上海的浦东。

黄德奎／供图

　　这幢大楼为钢框架混凝土结构，平面接近正方形，是外滩占地最广、门面最宽、体量最大的建筑。建筑主体5层，中部7层，地下1层。建筑顶部为古罗马万神庙的穹隆顶，顶周围附有方形柱式，顶端还有巴洛克式尖塔，成为该幢大楼的标志。使整幢大楼犹如一顶巨大的皇冠。大楼立面采用香港花岗石贴砌，主立面成横3段竖3段，大楼入口由3个罗马石拱券形花饰铜质大门组成，2层至4层的中部贯以6根希腊式科林斯柱子。

　　上海浦东发展银行大楼门前的铜狮、八角形门厅穹顶上的巨型马赛克镶嵌壁画和主营大厅的4根意大利大理石圆柱被称为"稀世三宝"。这座大楼采用了当时上海最先进的通风和取暖系统，楼内的空气在冬天一小时循环2次，夏天一小时循环6次。大楼的许多结构钢梁跨度都创造了当时上海建筑的纪录，其中冷暖设备属上海第一家。

　　原汇丰银行大楼入口处三扇青铜大门和两旁的铜狮子都由英国专门

铸造，这两头雄狮各有其名，吼叫（张嘴）的铜狮名叫"史提芬"，取自1920至1924年的汇丰银行香港分行总经理史提芬（A. G. Stephen）的名字，而铸造铜狮也来自他的倡议；沉默（闭嘴）的铜狮名叫"施迪"，取自当时汇丰银行上海分行经理施迪（G. H. Stitt）的名字。张嘴与闭口，寓意银行吐、纳资金。"史提芬"和"施迪"一共有五对，上海的这对汇丰铜狮为最早，此后，汇丰银行先后仿制了三对，分别于1935年安放在香港皇后大道中1号汇丰银行大厦入口、于2001年安放在伦敦金丝雀码头（Canary Wharf, London）的汇丰集团新总部大厦门前及2010年安放在上海浦东世纪大道8号的汇丰银行（中国）有限公司总部新楼门口（按铸造年份先后属第五对）。

1941年太平洋战争爆发后，日军占领上海租界，日军的刺刀在这铜狮上留下多处砍削痕迹，而今，这对铜狮已被上海博物馆收藏。大楼门口的两尊新铜狮由浦东发展银行出资仿照原样铸造（按铸造年份先后属第三对），出于对历史的尊重，原日军破坏的痕迹也一并保留呈现。

黄德奎／摄影

18.元芳大楼
（原中国通商银行大楼）

　　元芳大楼，因毗邻元芳弄而得名。原为中国通商银行大楼，位于中山东一路6号，1897年竣工，英国维多利亚哥特式的建筑艺术风格，为外滩现存最老的建筑之一。

　　这幢大楼为砖木结构，大楼建筑高3层，连屋顶层总共4层。大楼的装饰具有欧洲宗教建筑色彩，用青红砖镶砌。众多细长的柱子勾勒出墙面，后来因为维修时用水泥粉刷墙面，除了框架外，原先的外貌已经不复存在。窗洞造型自下而上每层都不一样，分别采用半圆券、弧形券、平券和尖券，这在同期或以后的外滩建筑中都十分少见。大门入口竖有罗马廊柱，底层、二层为落地长窗，券状窗框，两肩对称。屋顶坡面陡，开有老虎窗，形成东立面一排五个尖角顶，每个尖角顶的顶端原立有十字架，尖角顶的两侧都又有小尖塔，如向上帝供奉的巨烛。顶层的南面有平台，是观赏黄浦江的胜处。

　　原来这里是一幢3层楼的砖木结构房子，为东印度式建筑艺术风格，房屋的主人是旗昌洋行，这是一家冒险精神十足的美国商行，于1891年宣告破产。1897年盛宣怀筹资兴办的中国通商银行买下这幢楼房，并在这里开业，人们称其为"中国通商银行大楼"。中国通商银行是中国人自

黄德奎／摄影

办的第一家银行，也是上海最早开设的华资银行。

盛宣怀，江苏常州人，清末政治家、企业家、福利事业家、官僚买办。在航运、电报、纺织、煤矿、金融、教育等行业均有建树，是中国近代民族工业和洋务运动的开拓者和奠基人，被誉为"中国商父"。

中国通商银行成立之初，国家即授予发行银元、银两两种钞票的特权，业务极一时之盛。民国肇兴，通商银行成为纯粹的商业银行。1934年6月7日，通商银行召开董事会，推杜月笙为董事长。直到上海解放，杜月笙、骆清华等控制中国通商银行长达15年之久。上海解放前夕，通商银行除一些房地产以外，有名无实。

新中国成立后，人民政府接收通商银行的官僚资本部分作为公股，将其改造成为公私合营银行。银行迁出办公后，这幢大楼先后由长江轮船公司、香港侨福国际企业有限公司使用。

视觉中国／供图

19.上海外滩华尔道夫酒店
（原上海总会大楼）

上海外滩华尔道夫酒店，原上海总会大楼，位于中山东一路2号，1910年建成，文艺复兴式建筑风格。

上海总会大楼原为旅沪英侨俱乐部会所，是一幢3层高的东印度式砖木结构建筑。1910年落成的上海总会大楼的墙体为混凝土结构，柱和梁用钢筋强化，楼板也用钢筋混凝土浇铸而成，这种建筑新技术的采用在当时的上海尚属首次。

整幢建筑地上5层，地下1层。以大门的入口为主轴线，东立面采用横三段处理，横向檐口线、腰线处理得体，建筑两侧对称，外墙除柱和勒脚用石料外，其余均为水刷石，显得非常华丽。大楼底层三个门洞和两扇圆窗烘托着与中间的拱心石组合在一起

视觉中国／供图

的垂花雕饰，凸显了主入口的气派，两边的辅助入口各有两对塔司干式柱子作为装饰。第三、四层贯以6根爱奥尼克立柱，这些柱子的花岗石材都产自苏州。第五层居正中的窗户采用条状拱券形，顶层南北两端有巴洛克式塔亭。这种巧妙的古典建筑语言的运用，强化了构图效果，不仅提升了整幢建筑的高度，而且使之显得豪华气派。

大楼的内部装饰十分典雅、豪华。大厅南部是当时远东最大的酒吧，长达34米。大堂北侧有半圆形的铁栅栏电梯，造型别致，至今仍在使用。大楼内装饰仿英国皇宫格调，故有"皇家总会"之称。这幢建筑设计师前后共两任，后任日本设计师在设计此楼时适当参考了日本帝国大厦的建筑样式，故又有"东洋伦敦"之誉。

解放后，上海市人民政府接管了这幢大楼，改建为国际海员俱乐部，大门上加装了挑出的大雨棚。1971年改为东风饭店。1989年上海第一家肯德基旗舰店在此开业。现为希尔顿集团旗下的亚洲首家华尔道夫酒店。

20. 和谐汇
（原亚细亚大楼）

视觉中国／供图

和谐汇（筹建中），原亚细亚大楼，位于中山东一路1号。这座建筑原名不叫"亚细亚大楼"。1842年上海开埠后，这里先后是英商兆丰洋行、美商旗昌洋行、轮船招商局的房地产。1913年，由麦克倍恩公司投资兴建新楼，称"麦克倍恩"大楼，1916年竣工。1917年该楼被亚细亚火油公司购得，改称"亚细亚大楼"。

亚细亚火油公司是一家英国商人开办的贸易公司。19世纪80年代以后，民间照明改素油灯、蜡烛为较光亮的煤油灯，又称"火油灯"、"洋油灯"。称"洋油"是因为这种油是西方洋人生产并拿到中国来卖的。上海是当时中国进口石油最早，销量也是最大的口岸。亚细亚公司是英国壳牌运输贸易公司与荷兰皇家石油公司的子公司，总公司在伦敦，分公司分布在各大洲的重要国家和城市。1907年亚细亚公司在上海九江路7号成立办事处，10年后业务在上海迅速扩张，其销售的石油占中国需求量的1/4，在雄厚的经济实力条件下购置了亚细亚大楼。1941年12月太平洋战争爆发，亚细亚公司被日本侵华军强行占有。抗战胜利后英商重新收回，经营业绩超过战前。新中国建立后，亚细亚大楼由华东石油公司接收。1959年，上海市冶金设计院、市房地产管理局、市丝绸公司进入办公。1996年房屋置换，成为中国太平洋保险公司总部。

该楼为钢筋混凝土框架结构，建筑平面呈正方形，用花岗石贴砌。原建7层，1939年加层至8层，占地面积为1739平方米，建筑面积11984平方米。大楼立面为横3段、竖3段式。沿街东面底部两层立面采用花岗石砌筑，为巴洛克式；底层至第二层立面采用爱奥尼克柱式，中部第三至第五层立面采用罗马式拱券装饰，中段为装饰简洁明朗的现代主义建筑风格；大楼上段为巴洛克式，有爱奥尼克双立柱、圆弧形铁栏内阳台。入口大门饰有双柱支撑弧形门罩，并雕以花纹，门上方有半圆形券顶，雕以花饰，视觉上给人较强的纵深感。大楼气派雄伟，堂皇富贵，因位于中山东一路1号，故有"外滩第一楼"之称。

原亚细亚大楼内的广大华行是中共地下党隐蔽最深的地下经济事业秘密工作机构，由周恩来单线领导，卢绪章任董事长、总经理兼党组书记，杨延修任副总经理。公开身份是经营进出口贸易的商行，实际是为中共中央筹划资金和外汇的机构。广大华行的原则是：为党赚钱，赚钱给党。

抗战胜利后，杨延修以国民党上校头衔及上海市卫生局接收员身份重回上海，以低价承租了外滩亚细亚大楼底层作为广大华行的办公地点。为了打破国民党对边区和解放区的经济封锁，广大华行通过各种秘密渠道，给中共党组织调剂金融并输送了大量的经费、药物和其他解放区短缺的物资，这些输送的经费和物资，即便放在今天也绝对是一个天文数字。

广大华行不断受到国民党特务的暗中调查。为防不测，1948年6月之后，广大华行党组织紧急撤退，将广大华行转移到了香港。1949年6月30日，广大华行结束了最后的清算，最后一次党支部会决定：拿出40万美元退还非党群众的股份，党员负责人的股款和红利酬劳一律上缴，所有资产全部并入华润公司。解放后，卢绪章历任中国进出口公司经理、对外贸易部副部长、国家旅游局局长、外国投资管理委员会副主任等职。上世纪80年代电影《与魔鬼打交道的人》就是依据广大华行的事迹和人物原型拍摄的。

新中国成立后，亚细亚大楼易名为延江大楼，1966年由上海市房地产部门接管。在1996年的外滩房屋置换中，这幢大楼成为中国太平洋保险公司总部。

现为以时尚为主题的"和谐汇"（筹建中）所在地。

黄德华／摄影

21.原外滩气象信号台

视觉中国／供图

外滩气象信号台，俗称外滩天文台，位于延安东路外滩。现存建筑下面为地下室，地面两层为长方形平顶房屋，其上为高36.8米的圆柱形建筑物，柱顶安置有风向风速仪和悬挂风旗、风球的桅杆，外墙红、灰两色相间，屋顶和圆柱顶有铁栏。信号台统高50米，建筑属于20世纪初叶的新艺术风格，是世界上最早的此类建筑之一。新艺术风格最大的特点是采用植物天然的曲线和花卉的造型，而信号台的栏杆和楼梯的扶手上就大量采用这种手法，呈现植物的天然曲线美，这种风格在上海近代建筑物中出现得极少。

上海的天气预报服务始于外滩。1872年8月，法国天主教耶稣会在上海徐家汇建立观象台，同年12月正式开始气象观测。1883年5月29日，法租界公董局决定，在外滩洋泾浜桥堍创办气象信号台。1882年，丹麦商人在外滩洋泾浜建立了中国第一个电话局，徐家汇观象台开通了对各洋行的气象服务电话，不久与信号台的电话也接通，通讯问题得以解决。1884年，由公共租界和法租界共同出资，在两租界交界的洋泾浜（今延安东路）外滩兴建一座信号台，为各国船只提供天气信息。外滩信号台实际上是徐家汇观象台对外服务的"窗口"，于1884年9月1日正式对外服务。这是上海最早对外报气象消息和报时的气象台，是在中国领土上由外国人创办的第一个信号台，也是亚洲太平洋地区最早建立的信号台之一。

初建时的外滩信号台比较简陋。在一间小屋旁竖立一根15米高的木桅杆（即信号杆）和一块告示牌，信号杆顶端是风向仪，下面悬挂一个可以上升下降、用于报时的定时球。1927年8月最终完工的外滩气象信号台，就是现存的外滩信号台全貌。

随着气象信息发布技术的发展，上海中心气象台于1957年2月15日决定停止外滩气象信号台的工作，风暴警报信号由港监部门负责悬挂。

1993年10月，在外滩综合改造二期工程中，为保护这座建筑，将它向东整体移位20多米。世博会前夕，在对外滩的综合改造中，以气象信号台为中心，建成了气象信号台广场，成为外滩四大广场之一。原气象信号台已成为"外滩史陈列室"，仍然保持着1927年的原貌。

周杨煜／摄影

22.延安东路
（原洋泾浜）

延安东路主
要由原洋泾浜主河
道改造而来。洋泾
浜，原是黄浦江的
支流，因通洋泾港
而得名。它东引黄
浦江水经八仙桥西
流，北通寺浜（今
慈溪路、重庆北
路一线）、宋家浜

（今苏州河），西通北长浜（今延安中路），西南通周泾（今西藏南路）。

　　1845年11月，上海道台宫慕久被迫公布与英国驻沪领事巴富尔"商
妥"的《上海土地章程》，同意把洋泾浜北、李家场（今北京东路外滩）
南一带作为英人居留地。1849年4月，上海道台麟桂又屈从于法国驻沪领
事敏体尼，宣布将洋泾浜南、护城河（今人民路）北划为法租界。从此，
本来默默无闻的洋泾浜成了颇受瞩目的上海两租界的界河，而"洋泾浜"

（或"洋泾"）一词，则一度用作租界的代称。

　　当时在洋泾浜两岸及周边流行一种被称为"洋泾浜英语"的语言现象。所谓"洋泾浜英语"，是指那些没有受过正规英语教育的上海人说的蹩脚英语。它最初是中外商人在没有共同语言而又急于交流的情况下形成的一种"商业英语"（混杂语言），只有口头形式，没有统一的书面形式，而且变体很多。该语言流行于当时的上海洋泾浜周边地区，故由此得名。典型的洋泾浜英语，其构词法的基本规则就是英语读音的中文译名再加上一个汉语词根，例如门槛精、混枪势、轧朋友和嘎三壶等。开埠初期，为了方便两岸的商事贸易，租界当局还编辑出版了一本名为《洋泾浜英语实用手册》的工具书。

　　因洋泾浜离上海县城近，进出方便，郊区水路到城的客货船只不少在晏海门（老北门）外三洋泾桥附近停泊，北端有街道，设有茶馆、木行等商肆。随着洋泾浜沿岸附近商业兴起，浜水污浊，交通不便，公共租界、法租界两租界当局共同决定于1914年6月开始填浜筑路。1916年筑成当时全上海最宽阔的马路，用英王爱德华七世之名，命名为爱多亚路。1943年太平洋战争爆发后日军攻入租界，爱多亚路更名为大上海路。

　　抗日战争胜利后，国民党上海市政府改名为中正东路。

　　1950年5月，改名为延安路。延安东路、延安中路、延安西路统称延安路。

　　原先延安路共有64条公交线路通过，公交复线率、线路停站率高，运营效率低。2017年2月1日，"上海延安路中运量71路公交线路"正式开通运营。它东起延安东路外滩，西至沪青平公路申昆路，全长17.5千米。24小时专用路权和信号优先策略，为全线快速、高效运行提供了必要的运行保障。正是因其行驶道路24小时其他社会车辆不得占用，人们戏称其为史上最孤独的公交车。全线还采用环保、舒适的新型双源无轨电车，均为低地板型，与站台无高低差，方便乘客上下车。"延安路中运量71路公交路线"已成为具有标志性的中心城区公交"通廊"。71路公交线路市区始发终点站就设在延安东路靠近外滩一号的原亚细亚大楼右侧，方便市民和游客出行。

23.延安东路隧道

延安东路隧道，是上海连接浦东与浦西，跨越黄浦江的一条主要道路。隧道浦西出口位于延安东路福建中路口，浦东出口则位于世纪大道银城中路口，直接连接世纪大道。

延安东路隧道由南北两条隧道组成，每条隧道各为单向双车道。北线建成于1988年，南线建成于1996年，长度分别为2207米与2261米。采用盾构法施工，其中，北线隧道荣获1991年度国家金质奖及上海市1949—1989年十佳建筑称号，南线隧道荣获1999年度国家银质奖。

2014年，为保障隧道安全运营、环保节能、提高行车舒适度，由路政局牵头，综合考虑与"东西通道"工程对接及周边交通组织的需要，对延安东路隧道开展大修施工。大修对北线隧道盾构段内的上风道板进行拆除，将全横向通风模式改为纵向通风设计，当车以一定速度进入隧道时，会形成定向气流，将隧道外部的新鲜空气带入，在隧道出口处将部分废气带出，使得隧道内的空气保持清新。对隧道内的机电及消防系统进行全面升级，提高隧道应急处理能力，降低隧道正常运营时的能耗。对隧道内的路面进行铣刨，重新加罩沥青路面，并对隧道内重新装修，提高行车舒适性。

视觉中国／供图

24.十六铺码头

视觉中国／供图

在上海，有"先有十六铺，后有上海滩"的说法。

"十六铺"的第一次出现，是在清朝的咸丰、同治年间。为了防御太平军进攻，当时的上海县将城厢内外的商号建立了一种联保联防的"铺"。由"铺"负责铺内治安，公事则由铺内各个商号共同承担。

最初计划划分27个铺，因为种种原因实际只划分到了16个铺（即从头铺到十六铺），其中十六铺是16个铺中区域最大的。1909年，上海县实行地方自治，各铺随之取消。但是因为十六铺地处上海港最热闹的地方，客运货运集中，码头林立，来往旅客和上海居民口耳相传都将这里称作"十六铺"，作为一个地名，这个名称也就沿用至今。

在相当长一段历史时期，十六铺不仅是一个五方杂处、商贩云集、各色人等在上海讨生活的重地，更是人们乘船进出上海的一个主要门户。

十六铺码头北起新开河，南至东门路，岸线长约600米，是上海港客运量最大的客运站，是上海外滩最著名的码头，曾是远东最大的码头、上海的水上门户。

十六铺码头最初的名字叫金利源码头，1862年由美国旗昌公司建造。1877年旗昌公司将轮船和码头全部售与轮船招商局，改名为招商局第三码头，又称南栈，并扩建码头，从新开河至东门路连成一片。其中有13个浮码头泊位，专泊长江线及近海宁波线班轮。

抗日战争时，招商局又将码头售与美国卫利韩公司，改名为罗斯福码头。太平洋战争爆发后，日军接管码头并改名为江西码头。抗日战争胜利后重归招商局。1949年后划归上海港务局，改名为十六铺码头。

一组飘逸起伏的曲线形玻璃棚，名为"浦江之云"，成为十六铺的标志性建筑。这个和世博轴（世博园阳光谷）几乎相同的建筑，是出自同一位设计师之手的"孪生姐妹"。一个6.3万平方米的综合地下空间，是新十六铺码头的核心功能区，地下一层为黄浦江水上旅游中心，其南北两端各设置了候船空间。

黄德奎／摄影

视觉中国／供图

25.老码头

老码头地处南外滩核心地段的复兴东路码头沿江景观带，是南外滩板块的时尚地标。

老码头主体建筑的前身是上世纪30年代十六铺的五座码头仓库和上海油脂厂。五座码头仓库就是当年黄金荣、杜月笙的老仓库。五座老仓库建筑中，"年纪最大"的是建于1936年的1号仓库，曾归属于卢作孚的民生公司。卢作孚是当时上海滩著名的航运大亨，毛泽东称赞他是"四个不能忘记的中国实业家"之一，蒋介石也尊称他为"作孚兄"。抗日战争初期的危急关头，一心报国的卢作孚率领民生公司船队冒着生命危险为国民政府转移到重庆运输了很多物资、机器，当时牺牲了117名员工。抗战胜利时，国民政府授予卢作孚一等一级奖章。

世博会前夕的改造过程中，老仓库的外立面根据上世纪三四十年代保留下来的图纸进行复原。除了建筑的玻璃窗有所变动之外，建筑的其他部分都几乎与70多年前的模样如出一辙，如仓库的海派文化特色门头、弧形拱门、经典阳台，以及墙面上体现海派建筑特色的青砖和廊柱等都被原汁原味地保留了下来。老码头也逐渐成为继新天地、田子坊等之后新崛起的上海时尚地标。

视觉中国／供图

26. 南浦大桥

南浦大桥是上海市区第一座跨越黄浦江的大桥，1991年12月1日竣工通车，由我国著名桥梁设计大师林元培设计。南浦大桥宛如一条昂首盘旋的巨龙横卧在黄浦江上，圆了上海人"一桥飞架浦江"的梦想。大桥造型刚劲挺拔、简洁轻盈，凌空飞架于浦江之上，景色壮丽。入夜主桥采用泛光照明，钢索根部的投光灯将光射到桥塔上，光彩夺目。南浦大桥获1993年度国家优秀工程勘察设计金质奖（一等奖）、1994年度国家建筑工程"鲁班奖"、1995年度国家科学技术进步一等奖。

南浦大桥是一座双塔双索面斜拉桥，主梁为钢混凝土叠合梁结构。主塔上"南浦大桥"4个红色大字为邓小平同志题写，每个字大16平方米。南浦大桥全长8346米，主跨为423米，主塔高154米，桥宽30.35米，设6车道，主桥塔呈"H"型，通航净高46米，桥下可通5.5万吨巨轮。

南浦大桥分主桥、主引桥、分引桥三部分。两岸引桥全长7500米，其中浦西段引桥长3754米，桥型采用复曲线螺旋形，上、下两环分岔衔接中山南路、内环线高架和陆家浜路；浦东引桥长3746米，采用复曲线长圆形与浦东南路相连接，引桥还直通内环线浦东段和杨高路。主塔是主桥主要承重构筑物，为折线H形钢筋混凝土结构。塔顶设置航空标志灯及避雷针。塔柱内设有照明、排水、供电、自然通风系统，并设置供检修人员上、下的爬梯平台及简易提升装置。

　　南浦大桥的建成，使浦江两岸陆家浜路、中山南路、浦东南路、杨高路等主要干道连接贯通，以往由渡口过江的货车一般候渡2小时以上，如今驱车过桥只需7分钟。南浦大桥的建成，大大缓解了"过江难"，对开发开放浦东发挥了重要作用。

视觉中国／供图

六

世博西园
创意博览

1.上海当代艺术博物馆
（原南市发电厂）

上海当代艺术博物馆，是中国大陆第一家公立当代艺术博物馆，位于花园港路200号。建筑面积4.1万平方米，展厅面积1.5万平方米，具有大小高度不一、适合各种展览的12个展厅以及图书馆、研究室、报告厅等功能性设施。它和中华艺术宫一起作为上海市的两个重大文化项目于2012年10月1日同时开馆，它也是上海双年展（中国历史最悠久、最具影响力的国际当代艺术双年展）主场馆，是集当代艺术展览、收藏、研究、交

视觉中国 / 供图

流、体验教育等功能为一体的标志性城市公共文化活动中心。

上海当代艺术博物馆建筑在2010年上海世博会期间，曾是"城市未来馆"，由原南市发电厂厂房改造而来。南市发电厂最初是建于1897年的南市电灯厂，由清政府上海马路工程善后局在十六铺老太平码头为供上海市最早的30盏路灯照明而建。1955年定名为南市发电厂。之后不断改建，向热电联供方向发展。根据中国2010年上海世博会行动大纲和总体规划方案实施进度要求，南市发电厂响应中国电力投资集团公司"上大压小、节能减排"的号召，于2007年4月26日开始拆除搬迁。

高达165米的大温度计造型的塔形建筑，是原南市发电厂的一个巨大烟囱，于1985年建成，为钢筋混凝土结构，设计寿命50年，底部最大直径16.4米，顶部直径5.6米。世博会期间，它是一个具有观光功能的"世博和谐塔"，顶部有5米高全方位LED显示屏，通过数字的动态变化，显示不同的天气状况，简单的文字、数字及符号与下部温度计相呼应，现在为上海气象景观塔。如今它既是上海的一个城市地标，也是一个独立的展览空间。

视觉中国／供图

2.上海儿童艺术剧场
（原上汽集团—通用汽车馆）

　　上海儿童艺术剧场，位于苗江路800号，紧靠黄浦江，毗邻上海当代艺术博物馆，与梅赛德斯-奔驰文化中心隔江相望。剧场分上下4层，占地10528平方米，建筑面积15668平方米，是全国最大的儿童剧场，填补了上海儿童专用剧场的空白。原为上海世博会上汽集团—通用汽车馆，改建后于2013年6月1日正式启用，隶属于中国福利会。

　　上海儿童艺术剧场作为黄浦江畔新的文化"地标"之一，其中心剧场可容纳1088名观众，设有360度中心旋转升降舞台、经典镜框式舞台和才艺表演秀台，拥有大型LED背景和270度高清全幅投影屏幕，高科技音响和灯光设施以及高自由度飞行轨道，适合专业演出以及各类大型团体演艺活动。剧场内还有多功能厅（小剧场）、儿童戏剧长廊、互动体验室、电影放映厅等。在剧场一至二层内，设置了12个艺术培训教室，设少儿表演、创意美术、儿童舞蹈、早期教育等课程，并设有戏剧博览长廊。上海儿童艺术剧场致力于营造特色鲜明的儿童性、公益性、国际性视觉艺术体验中心，为孩子们打造一个快乐、开放的梦想天地。

　　中国福利会由宋庆龄女士于1938年在香港创建，1941年迁往重庆，1945年改名为中国福利基金会并迁往上海。1950年改名为中国福利会，

黄德奎 / 摄影

重点开展妇幼保健卫生、少年儿童文化教育福利工作，开展对外交往与合作。改革开放以来，中国福利会继承和发扬宋庆龄"全心全意为妇女儿童服务"的宗旨，服务领域不断扩大，涵盖了妇幼保健、学前教育、学校教育、校外教育、儿童文化、老年福利，其中"两奖一节"，即宋庆龄奖学金、宋庆龄樟树奖、上海国际少年儿童文化艺术节，已经成为上海乃至全国的知名品牌。

视觉中国／供图

3.中国船舶博览馆
（原江南造船厂东区装焊车间）

中国船舶博览馆，原上海世博会中国船舶馆，在原江南造船厂东区装焊车间基础上改建而成，位于苗江路附近，占地面积约5000平方米，由中船集团冠名。上海世博会期间，该展馆的主题为"船舶，让城市更美好"，展出了未来水域城市生活的美景，人与船舶、人与城市的紧密关系，吸引了超过500万游客的参观。展馆呈长方形结构，增添了弧线构架，形似船的龙骨，又似龙的脊梁，象征着民族工业的坚强精神。中国船舶馆作为世博会结束后永久保留的场馆，将改建成中国船舶博览馆。

江南造船厂是中国船舶工业集团公司所属我国历史最悠久的军工造船企业。它创建于1865年，历经江南机器制造总局、江南船坞、海军江南造船所、江南造船厂，1996年改制为江南造船（集团）有限责任公司。

在洋务运动中，清政府于1865年购买了外国人开设在上海虹口地区的旗记铁厂，并将原有的两洋炮局并入，组成新厂，定名为"江南机器制造总局"，制造船炮军火和各种机器。1867年，江南机器制造总局迁至城南高昌庙现址，并建立了翻译馆。翻译馆不仅造就了徐寿、华蘅芳、徐建寅等中国近代第一流的科学家和工程专家，而且成为全面介绍、学习世界先进科学技术的开拓者，对中国早期工业产生了深刻影响。到19世纪90

黄德奎／摄影

视觉中国／供图

视觉中国／供图

年代，江南机器制造总局已发展成为中国乃至东亚技术最先进、设备最齐全的机器工厂。

1994年，它在全行业率先成为全国100家大中型企业首批建立现代企业制度试点单位之一，1996年完成"公司化"改制，2001年江南造船厂债转股工作圆满完成，新的公司法人治理结构正式诞生。随着改革不断深入，江南造船厂的综合竞争力大大增强，成为中国船舶工业的排头兵。2008年6月3日，江南造船厂在建厂143周年之际，胜利完成搬迁任务，正式入驻中船江南长兴造船基地。中船江南长兴造船基地地处长江口长兴岛，占地面积约580万平方米，岸线长度约为3800米，主要建设内容包括4座大坞、17座舾装码头，规划民用船舶年造船能力450万吨，是目前国内规模最大、设施最先进、生产品种最为广泛的现代化造船基地。

一个半世纪以来，江南造船饱经历史沧桑，经久不衰，创造了无数个中国第一，不仅有中国第一炉钢、第一门钢炮、第一艘铁甲兵轮、第一台万吨水压机，更有中国第一艘潜艇、第一艘护卫舰，还有我国最现代化的导弹驱逐舰和为中国航天事业做出突出贡献的"远望"系列航天测控船，为民族工业的发展做出巨大的贡献。特别是改革开放30年来，更是焕发出新的生机和活力，率先跨出国门与世界接轨，成为打开国门、对外开放的先驱，始终在中国船舶出口中发挥主力军作用。"江南巴拿马"型散货船是中国第一个在国际船舶交易市场上挂牌交易的国际著名品牌。江南造船140多年的发展史，是中国民族工业不断发展壮大的缩影。

4.上海世博会博物馆

上海世博会博物馆，位于蒙自路818号，建筑面积4.655万平方米。2017年5月1日正式对外开放，是上海一座新的地标性文化建筑。

上海世博会博物馆以传承世博遗产、发扬世博精神、保存世博精髓为宗旨，以一切始于世博会为主题，全面综合地陈列展示中国2010年上海世博会盛况，同时展示1851年以来世博会历史发展及2010年以后各届世博会举办情况，并为与世博会相关的文化交流和科技创新提供平台。上海世博会博物馆是国际展览局唯一官方博物馆和官方文献中心，由上海市政府和国际展览局合作共建，具有国际性、唯一性、专题性、可持续性等特点。它既是国内第一座真正意义上的国际性博物馆，也是全世界独一无二的全面展示世博专题的博物馆。

上海世博会博物馆的建筑设计主题是"世博记忆"与"城市生活"，由代表历史、冥想和永恒的"历史河谷"与代表未来、开放和瞬间的"欢庆之云"两个意象来演绎。由3730块三角形玻璃组成的"欢庆之云"夺人眼球；3根"云柱"撑起空中走廊，其中设置800平方米展示步道，连接陈列展览、公共服务和屋顶花园等功能区，形成独特的空中特展区"云厅"。全馆展陈面积约1.2万平方米，设有8个常设展厅、3个临展厅和1个"世博之光"特效影厅。常设展厅中，第一至四展厅分别是"寰宇舞台"、

视觉中国／供图

"进步之路"、"乐观信念"和"挑战重重",这4个展厅主要展示1851年至2008年之间的世博会发展状况及历史面貌。第五至七展厅分别是"世纪盛会"、"世界文明"和"中华智慧",这3个展厅展示的内容主要围绕中国2010年上海世博会展开。第八展厅是"未来愿景",主要呈现2010年上海世博会以后不断延续的未来各届世博会的精彩内容。常设展厅包含大量珍贵的世博历史资料,并通过精细的模型制作、多媒体互动等方式再现世博盛景。

上海世博会博物馆功能齐全,拥有图书馆、特效影厅、青少年活动中心、多功能厅等,是具有未来属性的新型城市公共博物馆,注重博物馆与上海城市生活、与国际文化交流的结合,重点打造"文化性、市民性、平台性"的公共属性。

5.卢浦大桥

　　卢浦大桥，2003年6月28日竣工通车，主桥全长750米，采用一跨过江的结构方式，桥身呈优美的弧型，如长虹卧波飞架在浦江之上。大桥在设计上融入了斜拉桥、拱桥和悬索桥三种不同类型桥梁设计工艺，主桥为全钢结构，用钢量约36400吨，是当时世界上单座桥梁建造中施工工艺最复杂、用钢量最多的大桥。

　　卢浦大桥是世界上首座采用箱形拱结构的特大型拱桥，主拱截面世界

视觉中国／供图

最大，为9米高，5米宽，桥下可通过7万吨级的轮船。它也是世界上首座完全采用焊接工艺连接的大型拱桥（除合拢接口采用栓接外），现场焊接焊缝总长度达4万多米，接近上海市内环高架路的总长度。卢浦大桥还是当今世界跨度第二长的钢结构拱桥，550米的主跨长度比世界排名第一的重庆朝天门长江大桥的主跨552米仅短2米，比排名第三的美国西弗吉尼亚大桥主跨518米长32米。

卢浦大桥像澳大利亚悉尼的海湾大桥一样具有旅游观光的功能。与南浦大桥、杨浦大桥不同，卢浦大桥的观光平台在巨弓般的拱肋顶端，不但使观光高度更高，而且需要游客沿拱肋的"斜坡"走300多级台阶步行观光，增加了观光性、趣味性和运动性。游客乘坐高速观光电梯直达50米高的卢浦大桥桥面，沿大桥拱肋人行道拾级而上，在"巨弓"背上大约攀登280米，登上100米高的拱肋顶端，站在篮球场大小的观光平台中眺望，浦江美景尽收眼底。由于卢浦大桥位于2010年上海世博会会址的中轴线上，因此，镶嵌在卢浦大桥拱肋上的"桂冠"——拱肋顶部观光平台，是鸟瞰世博园区的最佳景点。

视觉中国／供图

6.南园滨江绿地

南园滨江绿地，位于龙华东路800号，在南园公园基础上扩建而成，东面与世博园区相邻，紧靠卢浦大桥，南至日晖港，面积约8万平方米，绿地占地面积73350平方米（包括原南园公园13850平方米），2010年建成。

南园公园原系闽南同乡泉漳会馆旧址，习称南园，1923年由旅沪闽南籍同乡会购用，并于1927年开办了泉漳中学。1957年南园改建为公园，同年10月15日对外开放，沿用"南园"之名。1997年，公园对南园大门等处整修，南面建造"竹林石景"，又对东南角俗称"八亩地"进行了大改造，新建了100平方米的"之"字形亭廊，在16号树坛堆砌了一座较大体量的假山等。2003年6月1日起免费对公众开放。

南园公园原址曾是隧道股份公司等施工企业建设上海第一条（打浦路）黄浦江越江隧道的作业场地。2010年上海世博会前改扩建时，增设了景观雕塑等设施，融合老公园扩建了草坪，保留改造了工业遗址，建设了滨水区域。建成后的南园滨江绿地已演变为镶嵌在黄浦南部滨江地区一颗温润的翡翠。整片绿地分为"新欣南园"、"都市绿野"、"工业像素"和"滨河华灯"四个主题功能区。"新欣南园"位于原南园公园位置，设置自然形态的水体和喷泉，美化景观并用于收集雨水灌溉。"都市绿野"

由五彩长廊、阳光草坪和白玉兰花瓣状的配套服务建筑组成。"工业像素"位于黄浦江畔（该处原为隧道公司），设计改造三个大型水泥筒仓为观景平台，保留钢制龙门架，结合沿江码头改造，形成滨江水岸的一道景观。"滨河华灯"延续南园滨江绿地的整体设计，将原来6.8米高的防汛墙改建成两级坡面形态，在滨江铺设亲水木平台，让游人与黄浦江和绿地有更多的亲近接触，并采用太阳能技术及LED光源的灯光装饰，打造滨江璀璨的夜景。

7.打浦路隧道

打浦路隧道，是中国第一条水底公路隧道，也是国内第一条采用盾构法施工的隧道，位于上海市区西南部黄浦江江底，包括引道在内，全长2761米。隧道底部最大埋深在地面以下34米。隧道外径10米，内径8.8米，双车道，车道宽7.0米，为钢筋混凝土路面。

打浦路隧道是上海市政工程建设史上的奇迹。苏联专家曾断言，在上海软土地质层建造隧道，如同在豆腐里打洞，是痴心妄想。1965年6月，打浦路隧道开工，近千名隧道建设者披星戴月、日夜奋战，历经5年多的时间，1970年10月，打浦路隧道终于全线竣工，1971年6月正式通车。当时，周恩来、叶剑英、李先念、邓小平等中央领导每一次陪同外国元首到上海，参观打浦路隧道是一项必不可少的行程。

2009年7月11日，打浦路隧道开始封闭改造，改造后的打浦路老隧道成为一条由浦东向浦西方向的单向隧道，与2010年2月11日新建成开通的打浦路隧道复线，配成一组双管双向四车道的越江通道。40多年前，隧道建设者们用了5年多的时间建成了中国第一条隧道——打浦路隧道，而全新的打浦路复线隧道，建设者们仅用了两年多的时间。打浦路隧道复线工程是上海市次干道系统的越江工程，主线全长约2971米。施工采用由上海城建隧道股份研发的首台国产大型泥水盾构"进越号"进行掘进"探路"。值得一提的是，盾构还在黄浦江江底实现了半径380米的转弯，创造了国内大型泥水平衡盾构最小转弯半径的记录。

视觉中国／供图

视觉中国·供图

七

艺术西岸
文化长廊

1. 上海西岸

上海西岸，是后世博时期徐汇滨江地区的全新称谓和城区品牌。它北起日晖港，南至关港，紧邻徐家汇、龙华历史文化风貌区，与浦东的世博地区隔江相望，岸线长11.4千米，面积9.4平方千米，是上海2040总体规划确定的中央活动区核心承载段，也是目前上海黄浦江两岸可成片开发面积最大的区域。

2010年，参照德国汉堡港、英国金丝雀码头等成功开发经验，徐汇滨江地区结合对历史遗存的保护性开发，完成了旧工业企业的搬迁以及公共开放空间的打造。2011年末，徐汇区第九次党代会提出打造"西岸文化走廊品牌"工程战略，"上海西岸"正式作为上海徐汇滨江地区的新称谓被广泛使用。2012年起，遵循"规划引领、文化先导、产业主导"的总体开发思路，上海西岸围绕"西岸文化走廊"品牌工程、"西岸传媒港"等核心项目，着力打造汇集国内外顶尖文化艺术、信息传媒、时尚设计、创新金融等业界领袖的国际级滨水文化金融集聚区，目标是成为与巴黎左岸、伦敦南岸比肩的，独具魅力与活力的世界级滨水新城区。"西岸文化走廊"主要包括龙美术馆（西岸馆）、余德耀美术馆、西岸艺术中心、西岸文化艺术示范区、西岸艺术品保税仓库、西岸美术馆、油罐艺术公园、星美术馆和水边剧场等文化艺术设施。"西岸传媒港"主要包括上海梦中心、腾讯、湘芒果、国盛集团等品牌企业。与此同时，在西岸音乐节、西岸建筑与当代艺术双年展、西岸艺术与设计博览会等品牌活动的引领下，上海西岸正借由产业聚集优势，进一步深化艺术品、娱乐传媒、文化金融三大核心产业板块的建设和发展。

2020年底，西岸将贯通8.4千米的世界级滨水开放空间，形成集聚20座高品质公共文化场馆的亚洲最大规模艺术区，构建以西岸传媒港、西岸智慧谷、西岸金融城三大产业互为支撑的国际创新创意产业群，打造迈向全球城市的卓越水岸。

上海西岸所在的徐汇滨江地区曾是中国近代民族工业的摇篮之一。因其紧邻黄浦江岸，地势开阔，河道纵横，曾集聚了包括开平码头、上海铁路南浦站、北票码头、中航油库、龙华机场、上海飞机制造厂、上海水泥厂、白猫集团和上粮六库等众多叱咤上海滩的民族工业旧迹，是当时上海最主要的交通运输、物流仓储和生产加工基地之一。

日晖港桥，建成于2016年，长约80米，整个桥梁呈Y字形，在整合两岸人行流线的同时增添了通行的趣味性。日晖港桥原址为开平码头，位于原日晖港港口，1928年由英商开滦矿务局兴建，1929年定名为平滦矿务局开平码头。原日晖港，西北原接肇嘉浜，东南入黄浦江。1992年10月，日晖港综合治理启动，填没康衢桥南侧以北段河道，污水用地下钢筋混凝土浇制的双涵箱排放。1993年12月填浜竣工，下水道涵箱同时通水。

原上海铁路南浦站始建于1907年，最早名为日晖港货站，是当时全国三个可以进行水陆转运的站场之一，主要从事煤炭和木柴等装卸。"九·一八事变"后开始由货运转为客运，并更名为日晖港站。在淞沪抗战的硝烟下承担着上海客、货运的重任。上世纪50年代定名为上海南站，并于80年代被改造成码头，成为当时上海铁路地区唯一拥有自备专用码头的车站。西岸开发建设之初，保留了货运十八线仓库、北侧

视觉中国／供图

视觉中国／供图

月台和南侧2.5千米铁轨及火车头，在江边，现还保留了两个绿色的龙门吊作为城市雕塑。

原龙华机场建成于1917年，最早为北洋政府松沪护军使署于1915年始建的江边操练场，当时在建造营房、操场的同时还设有水上飞机场。龙华机场是中国民航的发源地，成为我国最早建成的大型机场。1922年被称为"龙华飞行港"，"中国航空公司"和"欧亚航空公司"的总部均设于此处。在20世纪40年代曾为东亚最大的国际机场。1952年军委民航局上海站（亦称上海航站）在龙华机场成立。龙华机场一度成为新中国的航空门户。现址建有油罐艺术公园。

原北票码头是上海港装卸煤炭的专用码头，建于1929年。解放后成为华东地区的能源中心。现为龙美术馆（西岸馆）。

原上海飞机制造厂建于1950年，我国首次自行研制、自行制造的大型喷气式客机运-10于20世纪70年代诞生于此。现址建有余德耀美术馆和西岸艺术中心。

原上海水泥厂建于1920年，由旧中国"实业大王"刘鸿生先生创办，是中国第一家湿法水泥厂，是国内的现代大型企业之一，拥有完整的生产流线，当时的上海海关楼和国际饭店等都是用该厂的象牌水泥建造。现址为建设中的上海梦中心。

泰山小楼位于春申港河口，两层砖木结构，

英式住宅风格。它是20世纪"砖瓦大王"——"泰山"牌面砖的创始人黄首民的办公旧址。泰山小楼最为醒目的特征是外墙通体遍贴深浅两色的泰山面砖，面砖作哥特砌法排列，底层门及窗楣作立砖横梁排列。南立面底楼左侧前出，设出入口门廊，二层退为平台。组合双坡顶覆泰山牌红陶机平瓦，出檐较深，原烟道出屋檐部分已拆除。

　　黄首民生于1890年，1911年投身辛亥革命，后被任命为革命军总指挥部黄兴的卫队长。1912年经孙中山推荐，与荣毅仁等一起赴美国留学。1917年学成归国后，为建立中国砖瓦的民族工业企业，黄首民先创建嘉善第一砖瓦厂，后于1922年在此地创办泰山砖瓦公司。泰山公司产品以机制青、红砖和平瓦为主，以"泰山"牌为注册商标。1926年泰山公司制成薄型陶瓷面砖，称为"泰山面砖"，其色彩、性能均优于进口产品，1928年获国民政府工商部专利权。其产品被上海多栋著名建筑如国际饭店、上海大厦、马勒别墅和锦江饭店等选作装饰面砖，并且远销国外市场。1954年公司更名为泰山耐火材料厂。

2. 龙美术馆

　　龙美术馆是由中国收藏家刘益谦、王薇夫妇创办的私立美术馆，目前在上海徐汇滨江和浦东同时拥有两个大规模的场馆——龙美术馆（西岸馆）和龙美术馆（浦东馆），构成独特的"一城两馆"艺术生态，是目前国内最具规模和收藏实力的私立美术馆。

　　2014年4月和11月，刘益谦先后以2.8亿港元和3.484亿港元拍得"明

龙美术馆／供图

成化斗彩鸡缸杯"、"明永乐御制红阎摩敌刺绣唐卡",分别创下中国瓷器和中国艺术品的世界拍卖纪录。龙美术馆也因其主人一年内大手笔竞投拍得这两件"镇馆之宝"藏品而声名远扬。作为国际知名的艺术品收藏家,刘益谦、王薇的收藏涵盖中国传统艺术、现当代艺术、"红色经典"艺术,以及亚洲和欧美的当代艺术等各种门类,数量丰富,体系完备。

龙美术馆(西岸馆),位于徐汇滨江"西岸文化走廊"的核心位置——原北票码头,龙腾大道3398号,由中国建筑师柳亦春(大舍建筑设计事务所)负责设计建造,建筑总面积约3.3万平方米,展示面积达1.6万平方米。于2014年3月29日开馆。主体建筑以独特的"伞拱"结构为建构特征,共分为四层。地上一层、二层为绘画、雕塑、装置、新媒体等当代艺术的展示空间,该大尺度出挑的拱形空间表面由质地细腻的清水混凝土浇灌而成,与原北票码头构筑物"煤漏斗"改造而成的时尚空间"斗廊"形成视觉呼应。龙美术馆(西岸馆)在功能设计上更多地容纳了具有开放性和公众参与性的公共空间,如地上两层有视野开阔的江景餐厅、公共景观庭院、音乐厅、咖啡厅、艺术品商店等,地下一层设有儿童展厅、图书馆、艺术品修复室、艺术书店等,地下二层有三百多个车位的停车场。这一切使得艺术不再远离大众,而是与公众的日常休闲生活息息相关,这也正是刘益谦夫妇创办美术馆的初衷。在龙美术馆(西岸馆)的外面有一条高架栈道,称为"海上廊桥",这里原本是建于1948年的煤炭传送带,长约420米,两头连接着高耸的红色塔吊,具有鲜明的景观标志。为了让大众能多维视角、更深切地感受浦江的美景,这里全部改建成了观光平台和观光步道。

龙美术馆(浦东馆),位于浦东新区罗山路2255弄210号,2012年12月18日开馆,建筑总面积约为1万平方米。由中国建筑师仲松负责设计改造,建筑外观呈方形布局,以浅灰白色为基调,花岗岩为主体建材,突显东方式的极致简约和纯粹内敛。主体建筑共分四层,地下一层为公共教育区域,设有图书阅览室、学术报告厅等;一层展厅主要展出主题多样的当代艺术，并设有艺术商店，艺术咖啡馆等休闲设施；二层展厅为独具特色的"红色经典"艺术常设展区，全面而系统地展现了中国革命题材主题创作从延安时期至改革开放新时期的全貌；三层为中国传统艺术的常设和临时展厅，以书画艺术为主，还设有中国古代器物和家具的展示空间。

龙美术馆／供图

3.龙之脊与海事塔

龙之脊，即龙华港桥，是为了贯通滨水岸线，上海西岸在龙华港口架起的徐汇区内最大的一座内陆河桥梁。该桥梁的设立理念基于生物仿生学原理模拟生物脊柱，寓意其为黄浦江畔、千年龙华古刹旁连接龙华港南北两岸城市商务区和滨江公共开放空间的重要纽带。因其位于龙华港且具有独特的脊柱造型，故命名为"龙之脊"。龙之脊的桥梁全

长345米，上层桥面为双向四车道加预留有轨电车道，下层桥面为步行通道，与龙腾大道连为一体。桥身侧向规则几何形开孔营造出桥体通透、轻盈的效果，与南岸耸立的海事塔形成纵横对比。为了增强桥梁的景观效果，"龙之脊"特别设计了夜景五彩灯光，且可有节奏地变换，被市民亲切地称为"彩虹桥"。

海事塔，又名海事瞭望塔，位于"龙之脊"龙华港桥的南侧，始建于20世纪80年代，高约41.2米，占地20平方米，上部为观测区，下部为支持结构，也是西岸公共开放空间的制高点。观测区分有三层，均为环形大

视觉中国／供图

面积开窗设计，当时是用于瞭望、监控航道安全。目前在保留原有功能的基础上，对塔的外壁进行了装饰性的改造。以上海市花白玉兰、中国传统细口瓷器和稻穗为造型，用氟碳喷涂的不锈钢网架包裹塔身，展现动感形态。海事塔也设计了匠心独具的照明系统，夜晚恰似一株发光的白玉兰静静地俯瞰着整个江面。远远望去，海事塔、龙之脊在夜色中交相辉映，绚丽夺目。

视觉中国／供图

4.余德耀美术馆
（原上海飞机制造厂大机库）

　　余德耀美术馆，位于丰谷路35号，由原上海飞机制造厂大机库改建而成，2014年建成开馆。总面积9000多平方米的建筑中，老机库改建的主展厅就有3000多平方米。其特有的巨大空间与张扬的结构感，与美术馆创始人余德耀先生以装置为主的藏品相得益彰。它的基本设计是在维持原有的老机库风格基础上，通过对青葱树木和明亮开放型玻璃厅的规划利用，重新设计建筑空间以适应庞大展览的需求。在尊重历史的前提下，历经变革的老机库令美术馆富有视觉冲击力与历史的沧桑感，而新建的玻璃大厅则让其充分体现亲和力，两者融为一体。

　　余德耀先生是印尼华人企业家、艺术慈善家和收藏家。余德耀先生的收藏始于中国当代油画，尤其是上世纪八十年代初期到九十年代末期的作品。如今，他已经建立起一个相当可观的中国当代艺术的收藏体系。作为亚洲的顶级收藏家，余德耀先生的收藏也逐步拓展到亚洲艺术以外的西方艺术。最近，他的收藏中加入了具有代表性的西方当代艺术家莫瑞吉奥·卡特兰、弗瑞德·桑德贝克和阿德尔·阿贝德赛梅等人的作品。

余德耀美术馆供图（上图）
"贾科梅蒂回顾展"，余德耀美术馆，2016（下图）

5. 西岸艺术中心
（原上海飞机制造厂250号厂房）

西岸艺术中心，位于"西岸文化走廊"的核心位置，龙腾大道2555号，总建筑面积达10,800平方米。西岸艺术中心由原上海飞机制造厂250号厂房改建而成，由中国顶尖设计师柳亦春先生（大舍建筑设计事务所）担纲设计改造，2014年9月试运营，2015年正式对外开放。

西岸艺术中心在设计上一方面通过保留原厂房大跨度空间的完整性，展现了原有空间的震撼力，凸显出新旧交合的时间印迹；另一方面，东、西立面山墙的打通处理，喻意这座有着工业遗迹感的建筑将以全新的姿态向城市开放。西岸艺术中心分为一层、二层两大主展示空间，兼有VIP会议间、讲座室、展演楼梯、停车场等功能区域，配套设施完备，可满足不同类型会展、演出等大型文化活动的需求。作为"西岸文化走廊"品牌工程的重要组成部分，西岸艺术中心倡导"艺术引领'漫'生活"的理念，汇集艺术、时尚、演艺等多功能于一体，打造西岸乃至上海传播艺术文化的新地标。

视觉中国／供图

6.上海摄影艺术中心

上海摄影艺术中心，位于龙腾大道2555号—1（丰谷路西岸艺术中心前），由国际著名摄影艺术家刘香成先生创办，美国建筑师组合Sharon Johnston & Mark Lee担纲设计，总建筑面积500平方米，结合了美术馆与实验画廊空间的功能，旨在打造上海首家具有美术馆规格的摄影艺术场馆。这座大胆的当代设计，曾是"西岸建筑与当代艺术双年展"上的重要

黄德奎／摄影

作品。

　　场馆原名为"六望亭"，由六个同样大小的半椭圆形体块联结而成。建筑墙面上的玻璃幕墙与取景窗，将参观者的视野引向建筑之外，朝向建筑外围六个不同角度的风景。"六望亭"在此体现"设计是对惯常概念的质询，是对静与动、内向性与外向性、隔绝与沟通、过去与未来关系的重新思考"。上海摄影艺术中心通过国际艺术家所展现的摄影艺术作品，引导普通观众进入摄影的世界并为本土观众与艺术家提供国际化的视野，为发展中的中国摄影打开交流之窗。

　　刘香成先生是成就卓著的摄影家，也是一系列中国摄影书籍的主编，1977年成为《时代周刊》与美联社的首席驻华摄影师。

7.油罐艺术公园
（原中航油油库）

　　油罐艺术公园，东临黄浦江，西至龙腾大道，紧邻"上海梦中心"，原为中航油油库，包括五个储油罐罐体、消防水池、码头及配套设施，曾专为机场提供航油，隶属于龙华机场。油罐内部空间开阔，挑高15米，其中1、2、3号罐为小罐，直径24米，4、5号罐为大罐，直径28米，油罐内

拥有极具工业特点的穹顶以及曲面圆周空间。将巨大的废弃油罐作为艺术品来开发在世界上还没有先例。

油罐公园内有两座大型广场。其中一座广场在夏季会喷射出覆盖面堪比油罐面积的水雾，对广场降温。另一座草坪广场可作为派对及户外音乐节的场地。油罐通往广场之间的大门都是通透的玻璃材质，甚至门厅的屋顶也是草坡，人们可以从龙腾大道顺着草坡一路起起伏伏步行至黄浦江畔。油罐公园地面种植大片草坪和树林，营造出上海市中心难得的都市森林。草坡下方则是连接5座油罐的地下空间，设有咖啡厅、艺术品商店和其他公共配套设施，人们在此可通往任何一座场馆。

油罐艺术公园由当代艺术收藏家乔志兵先生与上海西岸集团合作投资建设，由李虎先生领衔的OPEN建筑事务所担纲设计。项目整体占地面积6万余平方米，其中室内建筑面积达1万余平方米，预计于2018年年初建成运营。油罐艺术公园通过对破败的工业废墟进行改造，集合多元展览空间、广场、花园、绿地、书店、教育中心和餐厅等于一体，力求转变成为面向城市的、以当代艺术为主题的文化中心，并将多种与艺术相关的功能注入这片充满城市记忆的工业空间之中，使之成为浦江西岸新的公共活动及艺术中心，吸引公众亲近并感受当代艺术，提升城市生活品质。

8.上海梦中心

　　上海梦中心（建设中）位于原上海水泥厂的旧址，龙腾大道龙耀路的沿江"T"字形地块，是"西岸传媒港"项目的核心部分，也是"上海西岸"的闪亮地标。它由香港兰桂坊集团、美国梦工场及上海华人文化产业投资基金携手打造。上海梦中心展厅，位于龙腾大道2599号，建筑面积500多平方米。它以声光电结合的高科技形式，全面展示上海梦中心的未来。

　　上海梦中心占地15.23万平方米，建筑面积46.3万平方米，包含12个创意文化建筑，集聚环球文化娱乐、国际级表演艺术、时尚购物及创意媒体元素，着力发展创意、电子媒体、科技及文化产业，汇聚充满活力的年轻人、广大市民和中外游客。其亮点包括由多个演艺剧场、音乐厅、艺术家工作室组成的"梦想大道"文化剧院区；亚洲最顶尖的动画娱乐制作基地"东方梦工厂"总部；专为首映礼、红地毯仪式等全球性电影活动量身定制的亚洲最具代表性的500座IMAX影院；国际水准餐饮酒吧、时尚生活零售体验和四季不断的"兰桂坊娱乐生活街区"主题活动以及创意办公室和甲级写字楼。上海梦中心还将开设乐高乐园旗舰店，打造"乐高探索发现中心"及"功夫熊猫探险之旅"双概念，总面积超过6500平方米，将成为孩子们的天堂。这一系列生活文化娱乐建筑群体将由七个特色户外主题广场及遍布创意艺术装置的绿化平台层贯穿，连成西岸传媒港的主轴线。

黄德奎／摄影

9.黄道婆纪念馆

黄道婆纪念馆，位于徐梅路700号，2003年建成并对外开放，与清幽古朴的黄道婆墓相邻相伴。纪念馆建筑面积约300平方米，院内矗立着高达2.2米的黄道婆塑像，门柱上写着"两手织就云裳，一梭穿行宇宙"的对联，横批是周谷城老先生写的"衣被天下"。2006年乌泥泾（黄道婆）手工棉纺织技艺被列入第一批国家级非物质文化遗产保护名录。

黄道婆纪念馆一期设有三个展馆，主展厅展示黄道婆的生平事迹以及她对中国纺织事业做出的历史功绩，其他两个展厅分别展示不同时期的纺织工具和棉纺织品。纺织工具展厅里弹花机、纺纱机、织布机样式各异，共有30多台件。在棉纺织品展厅里各种花色的棉土布、蓝印花布、棉织衣裤、围裙肚兜、床单被套等物件有300多件，其中不少是明清时期保留下来的珍品。黄道婆纪念馆二期为互动体验馆，在这里可以看到棉花和蓝靛草的生长过程，还能观看介绍黄道婆事迹的动画片和皮影戏，并能够亲手体验棉纺织过程。

黄道婆（1245—1330年），宋末元初著名棉纺织家、技术改革家，又名黄婆、黄母，松江府乌泥泾镇（今徐汇区华泾镇）人。黄道婆出身贫苦，少年时流落崖州（今海南岛），劳动、生活在黎族姐妹中并学会运用棉纺织工具和织崖州被的方法。元代元贞年间（1295—1296），她重返故

视觉中国／供图

视觉中国／供图

乡，在松江府以东的乌泥泾镇传授和推广"撵（搅车即轧棉机）、弹（弹棉弓）、纺（纺车）、织（织机）"之具和"错纱配色综线挈花"等织造技术。她所织的被褥巾带上折枝团凤棋局字样"粲然若写"。乌泥泾和松江一带人民迅速掌握了先进的织造技术，一时"乌泥泾被不胫而走，广传于大江南北"。当时的太仓、上海等县都加以仿效，呈现了空前盛况。黄道婆去世以后，松江府曾成为全国最大的棉纺织中心。松江布有"衣被天下"的美称。在华泾镇，至今还传颂着"黄婆婆，黄婆婆，教我纱，教我布，两只筒子两匹布"的歌谣。

视觉中国／供图

10.徐浦大桥

徐浦大桥，位于徐汇区华泾镇和浦东新区三林镇附近的江面上，是继南浦大桥、杨浦大桥之后上海市区第三座跨越黄浦江的特大型桥梁，是连接虹桥机场与浦东国际机场之间最便捷的通道。徐浦大桥建设所需的6万余吨钢材，首次全部采用了宝钢集团生产和轧制的板材、线材，开创了在重大桥梁建设中钢材国产化的新局面。

徐浦大桥主桥长1074米，主跨590米，总宽35.95米，主塔呈"A"形，塔高217米，设双向8车道，设计时速80千米。设计上保持了与南浦大桥、杨浦大桥一致的风格；高矗的主塔、扇形的索面、简洁的钢结构主桥，成为前两座斜拉桥的新家族成员。拉索采用扇形平面布置，共30对240根。大桥于1994年4月动工兴建，1996年12月27日实现全线结构贯通，进入桥面铺装施工阶段。1997年6月24日通车。

我国著名桥梁专家林元培先生，先后在南浦大桥、杨浦大桥、徐浦大桥和卢浦大桥以及东海大桥的建设工程中担任总设计师。

视觉中国／供图

八

世博高地
锦绣水岸

1. 三林

三林，位于浦东新区西南部，西濒黄浦江，北依川杨河，东与北蔡镇、康桥镇相邻，南与闵行区浦江镇相接。1993年划归浦东新区。三林镇始建制北宋末年，源出三林镇孙家桥林乐耕之后。相传宋代隐士林乐耕携妻儿来此创业，令三个儿子分别居于三处，后逐渐形成东林、中林、西林三个村庄，因此得名"三林"。

三林有三林刺绣、三林舞龙、三林庙会等多项本土特色文化事业，被称为中国民间艺术之乡、中国龙狮运动之乡。三林刺绣，古称"筘绣"，是上海三林地区特有的地方刺绣形式。它在本土绣的技艺基础上，开创出了与其他绣法所不同的流派风格，以线细、针密、针法多样、色彩丰富、精制细腻不留针线痕而著称。三林刺绣包含120多种工艺，但最具特色的，还是其独创的"抽、拉、雕"三大手法："抽"，是在丝绸上抽掉几根丝，形成一定的几何图案；"拉"，是用针线将丝拉成各种各样的花纹图案；"雕"，用剪刀剪掉平面上一些部位，再"雕"成镂空的立体图案。抽丝纤丽，拉丝秀丽，雕绣剔透。三林刺绣经过元、明、清臻于灿烂，又延续至民国，其发展的历史极为漫长，四乡妇女深得江南刺绣遗韵，形成了三林乡土味特浓的刺绣。

在三林，有一个关于抗战时期三林人英勇营救美军飞虎队员的真实故

视觉中国 / 供图

事。1945年1月21日，美军第14航空队第23战斗机队的飞虎队员驾驶26架野马式P51型战机，经过两个半小时的飞行到达上海上空，在对上海地区的日寇军事目标进行攻击时，受日军飞机的拦截和地面火力的攻击，其中一架战机被击中，坠毁在浦东黄浦江边的三林乡临浦村，战机坠落前飞行员跳伞降落。美军飞行员降落到临浦村后，马上得到了薛雨亭、陆阿乔、薛根英等村民的保护。这位飞行员是一位美国援华空军志愿队的中尉军官，名叫托勒特（Harold Tollet），22岁，生于美国阿肯色州，是家中独子，1944年11月来华对日作战。到飞机出事为止，他已先后参加空战13次。为了保护好美军飞行员，第二天一早，在川沙南部一带活动的淞沪支队队长朱亚民又火速派出支队的短枪队赶到三林，通过水路把托勒特安全地护送到部队驻地。不久，再通过海路将他护送到新四军浙东根据地，最后成功地移交给美方派来的军事代表。

2.世博地区

地处浦东新区的"世博地区"因上海世博会而得名，由浦东新区政府在《世博地区暨中国（上海）自贸试验区世博片区发展"十三五"规划》里正式提出，区域范围为世博园区（浦东）、耀华地块、前滩地块以及南码头街道、周家渡街道、上钢街道、东明路街道共25.04平方千米。"十三五"时期，世博地区正以上海自贸试验区建设为动力，加快现代服务业制度创新，继续集聚全球城市建设的核心要素，迈入城市形象显现、区域功能释放的新阶段，努力打造成上海全球城市的新地标与具有世界级水准的中央公共活动区和现代服务业制度创新示范区。

中国2010年上海世界博览会，简称上海世博会。以"城市，让生活更美好"为主题的上海世博会，是自1851年在英国伦敦举办第一届世博会以来，首次在发展中国家举办的综合性世博会。上海世博会会场位于南浦大桥和卢浦大桥之间的黄浦江两岸，占地5.28平方千米，包括浦东部分的3.93平方千米，浦西部分的1.35平方千米。2010年上海世博会入园参观者达7038.44万人次，创下了历届世博会之最。其中旅游业界组织团队66800多个，2087.7万人次，占入园总人数的28.57%，直接旅游收入800亿元人民币。

上海世博会有10多项纪录入选世界纪录协会的世界之最，如参展规模

视觉中国／供图

视觉中国／供图

（190个国家、56个国际组织参展）、志愿者人数（园区共79965名，其中中国内其他省区市有1266名，境外有204名）、正式参展方的自建馆（40个国家和国际组织）、主题馆屋面太阳能板面积（3万多平方米，是当时世界最大的单体面积太阳能屋面）、主题馆生态绿墙（5000平方米）、园区内保留老建筑物（约2万平方米历史建筑得以保留）、首次同步推出网上世博会等。

　　上海世博园区的"一轴四馆"即世博轴、中国国家馆、世博主题馆、世博中心和世博文化中心等建筑将会永久保留。世博园区浦东部分场馆改造成旅游文化休闲设施，如世博轴正在从全天候、体验式消费服务的商业综合体向"文化活力轴"转型，在其原有的商业布局上推动台湾文创园、洛克体育公园、炎黄文化交流中心、VR体验项目等一批新文化项目落户。世博园区浦西部分场馆改造成博物（览）馆等，如城市未来馆改造成上海当代艺术博物馆，中国船舶馆改造成中国船舶博览馆，还有新建的上海世博会博物馆等。梅赛德斯-奔驰文化中心（原世博文化中心）、中华艺术宫（原中国国家馆）、上海当代艺术博物馆（原城市未来馆）、上海儿童艺术剧场（原上汽—通用汽车馆）、上海世博会博物馆等建筑均已被列为上海市文化"地标"，共同构筑起黄浦江两岸气势恢弘的艺术"长廊"。

　　2014年12月国务院决定上海自贸区扩容，世博地区中包括世博园区（浦东）、耀华地块、前滩地块等区域共9.93平方千米的土地被划入中国（上海）自贸试验区世博片区。2017年浦东新区政府在《世博地区暨中国（上海）自贸试验区世博片区发展"十三五"规划》里提出打造"世博高地"。截至2017年2月，中国（上海）自贸试验区世博片区内共集聚了20多家央企，合计注册资本125.75亿元人民币，其中"一轴四馆"西侧原世博B片区聚集了15家央企总部的28幢大楼全部落成。上海市浦东新区《世博地区暨中国（上海）自贸试验区世博片区发展"十三五"规划》明确提出，世博地区功能定位为打造世界级水准的中央公共活动区和努力建成现代服务业制度创新示范区，建设以总部商务、创新经济、新型金融、专业服务等功能为主的滨江现代服务业集聚带，以文化创意、演艺、旅游、传媒、时尚、休闲娱乐等业态为主的高端文化产业发展带，以及以慢行慢骑等运动休闲型滨水活动为引领的开放、生态、健康、景观优美的滨水城市生活带。如今世博地区功能布局初见雏形——名企总部相继入驻，高端商务楼拔地而起；演出会展络绎不绝，文创产业兴旺发展；生活配套先后动工，江景绿地成片串联。

　　"十三五"期间，世博地区的世博园浦东部分由开发建设转入开发与运营并举阶段，是功能塑造的关键时期。到"十三五"期末，世博园浦东部分形象基本树立，重点公共项目向社会开放。世博园A片区的"绿谷"项目建成，金砖银行总部大厦完成建安工作量；B片区央企总部大厦投入运营；C片区上海大歌剧院项目启动建设。前滩地块十大标志性、功能性项目全部建成投入使用。耀华地块的环通商业广场、SK大厦、合景广场和远东宏信广场建设完成投入使用。白莲泾地块要进一步提升丰华园、尚博园、金融园、文创园的文化创意载体功能，逐步形成区域经济发展的新亮点。"十三五"期间，世博地区将以黄浦江东岸贯通工作为契机，培育和发展滨江景观资源优势，依托世博旅游码头大力发展游船经济、游艇经济，提升黄浦江水域的旅游休闲观光功能；依托滨江绿地、景观廊道、步行慢道，创造多样的公共活动空间，打造充满活力的滨江休闲带。

3.前滩

前滩，位于黄浦江以东、川杨河以南、济阳路以西、华夏西路以北的地块，面积约2.83平方千米。前滩的功能定位是为金融中心提供服务的跨国企业地区总部集聚地，比如会计、咨询、法律、现代服务等，和陆家嘴将形成一种互补的金融生态，被誉为上海的"第二个陆家嘴"。计划到"十三五"期末，前滩城市化开发基本完成，十大标志性、功能性城市建筑全部建成，开工建筑面积329万平方米，竣工建筑面积239万平方米。

"十三五"期间，前滩将重点推进十大标志性、功能性项目建设，加快推进前滩中心、太古商场、铁狮门北美中心、企业天地等已开工项目的建设；加速推进怡和中心、美国安舒茨娱乐集团（AEG）/米高梅电影公司（MGM）演艺中心开工建设；加快传媒城招商引资和开发建设；加快推进国际社区项目开工建设；加快推进莱佛士国际医院建设和双语国际学校建设，完善区域功能配套；积极推进功能性、标志性重点项目的公用事业配套同步建设。

计划在2018年年底完工的前滩大型村落式购物中心，位于三线相交的东方体育中心地铁站上盖，是前滩的核心区。项目总建筑面积12.4万平方米，定位为上海国际社区购物休闲的新地标。前滩休闲公园，位于前滩大道，是前滩国际商务区与黄浦江的衔接区域，占地有26.45万平方米，有长达1700多米的沿江景观岸线，红砖步道是用中粮仓库的旧砖铺设的，走上去很有历史的厚重感，绿化率高达66%。除此之外，红砖景墙、斜面草阶、雨水花园、曲面草坪、黄金沙坑、休闲烧烤、江畔垂钓等休闲娱乐设施和功能齐全。

视觉中国／供图

视觉中国／供图

4. 东方体育中心

东方体育中心位于泳耀路701号，紧邻世博园区。占地面积为34.75万平方米，建筑面积18.8万平方米。主要由体育馆、游泳馆、室外跳水池、东方体育大厦四座大型建筑，以及一个标高为11米的大平台和一些辅助设施组成。东方体育中心室外部分设有大型广场、大型停车场、运动场以及高低起伏的绿化和大面积的人工湖景观。建筑宏伟大气，造型优美飘逸，整体环境充分体现了水的灵性和动感，是上海新十年的标志性建筑之一。

东方体育中心是政府投资建造的公益性体育场馆，是上海一个全新的"全民健身、重大赛事、体育训练和体育交流"中心。东方体育中心于2008年12月28日开工建设，2010年12月30日正式落成，2011年3月起逐步交付使用。

2011年7月16日至31日在这里成功举办了第14届国际泳联世界锦标赛。"世游赛"结束后，东方体育中心还成功地举办了2015中国杯世界花样滑冰大奖赛、国际滑联短道速滑世界杯、国际滑联短道速滑世界锦标赛和冰上雅姿盛典等重大赛事和活动。东方体育中心的体育馆、游泳馆、室外跳水池，被上海市民誉为"海上皇冠"、"玉兰桥"和"月亮湾"的美名。2011年9月，东方体育中心开始向市民开放，开放项目有游泳、网球、篮球、足球、乒乓球、羽毛球、台球、健身房运动等。同时，业余体

视觉中国／供图

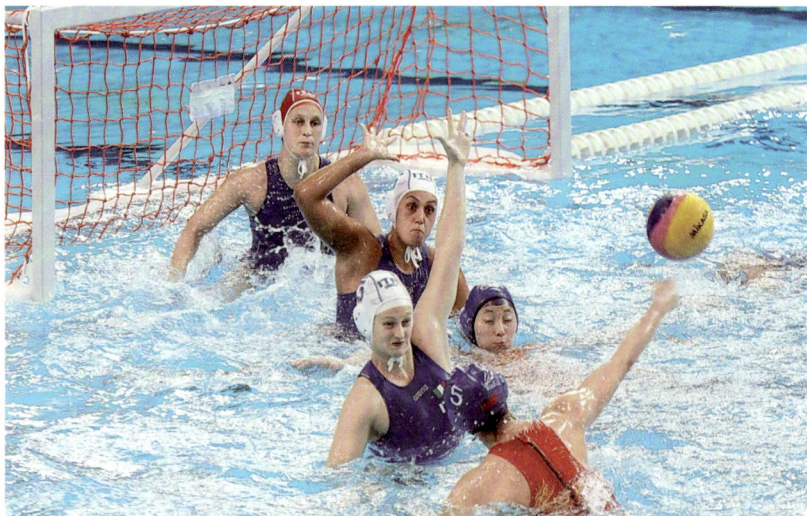

视觉中国／供图

育训练项目涉及游泳、花样游泳、水球、跳水、网球、羽毛球等。另外，在国内外体育交流方面也积极地发挥了作用。

　　未来的东方体育中心将坚持公益性，通过不断举办海内外顶级赛事，最大限度向市民开放，着力提升上海城市国际影响力并为市民健康发挥积极作用。游泳馆旁，一株近170年树龄的银杏古树也为现代化的东方体育中心增添一抹亮色。

5.世博文化公园

世博文化公园（建设中），位于世博园区的后滩地区，东至卢浦大桥-长清北路，南至通耀路—龙滨路，西侧和北侧为黄浦江。包括已建成开放的后滩湿地公园，公园总面积近2平方千米，相当于8个延中绿地，将是上海中心城区最大的开放式公园绿地和生态地标，其影响力不亚于纽约的中央公园。世博文化公园旁边还有面积达2.5平方千米的黄浦江水域，公园将与这一广阔水域相融。

世博文化公园定位为生态自然永续的森林公园、文化融合创新的文化公园、市民欢聚共享的城市公园。公园没有人为设置的大门，是一片有山有水的开放性公园，使市民近距离地亲近自然。公园内保留法国馆、俄罗斯馆、意大利馆、卢森堡馆等4个世博场馆。公园结合原克虏伯工业文明遗存新建一座世界级温室花园，展现寒冷气候、热带气候和沙漠气候三大气候植物区。通过回收污染地表和建筑，将场地内工业地表重塑为一座能俯瞰公园全貌的"生态山丘"；在克虏伯地区建立温室"水晶山丘"。两座人文的"山丘"互相映衬，场地的历史在此处叠加，记忆在此处有了厚度。公园还以大歌剧院为中心，向心式布局文化活动场所，激活公园和城市艺术生活，聚集世界级音乐与艺术展览空间，成为上海地标性文化象征。开辟"星光草坪"，创建日常与大型活动的多功能公共空间。园区内

750棵保留乔木和18000棵新植乔木形成探索自然、亲近自然、修复生态的七彩森林——静谧林、落羽林、环翠林、潺光林、嘉卉林、知音林、珍宝林，四季皆景，美不胜收。公园东北侧7.6万平方米的"色叶片林"区将整体打造疏密结合、层次变化的彩林景观，体现春景秋色。自黄浦江、世博环、星光草坪至温室、生态山的南北山水轴，将公园内不同地标串联起来，南高北低，展现山水意境；世博绿荫轴东西向串联轨交13号线站点和大歌剧院，以高6至8米，宽12至15米的紫藤花架统一形态，带来声光秀、生物能、科技轴和创意街四个序列的体验。

　　世博文化公园所在地区在历史上曾被叫做龙华嘴。龙华嘴地处浦东西南的上钢新村街道。黄浦江由南向北流经三林镇、上钢新村街道时，转折向东形成一个嘴角滩地，被称之为"龙华嘴"，源自对岸就是千年古寺龙华寺。龙华嘴原本是芦苇杂草丛生的河滩地。随着江边散居的渔民渔船增多，再加上一批批外地逃荒难民前来落户，搭建棚户，开荒种地，逐步形成一个个自然村落。其中，规模最大的自然村叫后滩。

1931年，"九·一八事变"后，抗日战争爆发，大批难民涌入上海。浦东同乡会积极投入抗日救亡运动，专门成立救济难民办事处及战时救济团，开展难民救济收容工作。在周浦、杨思、白莲泾、塘桥、赖义渡等地成立了12个难民收容所，其中一个就在杨思地区的龙华嘴。同时，同乡会还在龙华嘴创办了浦东第一儿童教养院，专门收留流浪街头的孤儿。收容的难民孤儿有相当一部分后来在当地落户，成为龙华嘴的村民。龙华嘴上的后滩地区，由于人口密度高，区内道路狭隘，都是老式民房，市政设施十分落后，每逢暴雨，不少房屋漏雨，道路积水，百姓遭受水患之苦。加上大量棚户简屋出现，一度成为浦东沿江市政最差的地区之一。上海世博会的举办，因场馆建设需要，后滩地区的居民作了整体动迁，世博会期间的非洲馆、欧洲馆和美洲馆，就建在龙华嘴上的原后滩地区。

现已建成的后滩湿地公园，位于世博园区西端，占地18万平方米，2009年10月建成。场地原为钢铁厂（浦东钢铁集团）和后滩船舶修理厂所在地。后滩湿地公园建造在原工业场址的棕色地带上，它是黄浦江畔的一处再生生态景观，不仅提供了水质净化、生态防洪的功能，还创造了丰富的溪谷景观。公园在自然江滩与都市田园的基础上，工业厂房的钢构得以保留，并演绎为立体花园和酒吧等游憩之所；原临江码头被保留，并设计成生态化的水上花园和观景台；一条由钢板折叠而成的锈色长卷，隐约起伏，漂游于水岸平台之上，或蛰伏于地面成为铺地，或翘首于空中成为雨棚、景窗……

6.世博源
（原世博轴）

　　世博源，是由中国2010年上海世界博览会的永久性建筑——世博轴改建而成的超广域型综合购物中心，主体建筑北至黄浦江，南至耀华路，西至周家渡路，东至上南路，南北长1045米，东西宽80至130米，位于世博园区的核心区域，由上海世博百联商业有限公司负责经营与管理改造。世博源充分利用了世博会的原有设施设备，还因地制宜增设了大量景观亮点，增大了餐饮美食、休闲娱乐商户的经营面积，为游客创造出全新的购物体验。

　　世博源的空间设计贯穿"水"元素，以江河流水为主题，形成"两街五区"的布局，即L2层为集魅力秀场、人文艺术、亲子娱乐等于一体的动感街；B层融合青春、活力元素，引入运动、户外理念，配以牛仔服饰、潮牌、男女休闲、潮流配饰等，形成朝气蓬勃的活力一条街；一区以"品味"为主题，打造成具有各国风情的中、高端餐饮聚集区；二区为职业男女装专业配饰、6D影院等构成的体验主题区，使传统理念与现代生活方式得到全新演绎；三区是以各类知名品牌旗舰店为主，配以名表、高端饰品、潮流数码等国际名品的时尚主题区；四区以女性消费为主，成为融入了成熟、典雅等元素的潮流主题区；五区主要以精品、美食广场、家居生活馆为主，成为带给游客便利、乐活消费享受的乐活主题区。

视觉中国／供图

视觉中国／供图

7. 中华艺术宫
（原中国国家馆）

中华艺术宫，位于上南路205号，2012年10月1日开馆，系原2010年上海世博会中国国家馆。原中国国家馆在2010年上海世博会期间先后接待了近1700万观众，成为最具有全球知名度的场馆之一。中华艺术宫总建筑面积达16万平方米，展示面积达6.4万平方米，建筑高度63米，拥有27个展厅。在规模、配置上接近美国大都会博物馆、法国奥赛博物馆等国际著名艺术博物馆。

中华艺术宫为公益性、学术性的机构，以建设中国近现代经典艺术传播、东西方文化交流展示的中心为发展目标，依托上海公立艺术单位的收藏，常年陈列反映中国近现代美术的起源与发展脉络的艺术珍品，并联手世界著名艺术博物馆，收藏和展示各国近现代艺术珍品、代表中国艺术创作最高水平的艺术作品，努力成为广大人民群众享受经典艺术、享有公共文化服务的高雅殿堂。

中华艺术宫由著名建筑设计师何镜堂设计。以"城市发展中的中华智慧"为主题，以"东方之冠，鼎盛中华，天下粮仓，富庶百姓"为设计理念，主体造型雄浑有力，犹如华冠高耸的巨型粮仓，表达了中国文化的精神与气质。中华艺术宫融合了多种中国元素，并用现代手法加以整合、提炼和构成，整体造型借鉴了夏商周时期鼎器文化的概念。鼎有四足，这四组巨柱都是18.6米×18.6米，将上部展厅托起，形成21米净高的巨构空间，传达出力量感和权威感，呈现出挺拔奔放的气势，给人一种"振奋"的视觉效果，而挑出前倾的斗拱又能传达出一种"力量"的感觉。巨柱与斗拱的巧妙结合，使整座建筑稳妥、大气、壮观，极富中国气派。同时向前倾斜的倒梯形结构，是现代建筑向力学的又一挑战。将传统建筑构件科学地运用，是中国人的又一创造，它向世界传达了一个大国崛起的概念，也向世界展示了中国人的文化自信。

中华艺术宫以大红色为主要元素，是从中国古建筑营造法则中，特别是故宫的红色中，采集而来的。在2010年上海世博会上，它是五千年中华文明奉献给159年世博会历史的"中国红"，是坚持改革开放的中国呈现给世界的"中国红"。而篆字的二十四节气印于其上，既突出"冠"的古朴，又让人们饶有兴趣地辨识这48个字。上海世博会中国馆的"镇馆之宝"——多媒体版《清明上河图》已永驻中华艺术宫。《清明上河图》是中国十大传世名画之一，由北宋画家张择端绘制，现收藏于北京故宫博物院。

视觉中国／供图

视觉中国／供图

8.梅赛德斯-奔驰文化中心
（原世博文化中心）

梅赛德斯-奔驰文化中心，原世博文化中心，位于世博大道1200号，毗邻世博轴与中华艺术宫。整座建筑以其轻盈灵动，宛若飞碟般的独特造型横空出世。在不同角度与不同时间"飞碟"会呈现出不同形态，白天如时空飞梭，夜晚则梦幻迷离。

梅赛德斯-奔驰文化中心主体为18000座的多功能演艺空间，通过灵活分隔等高科技应用，可形成不同规模和形态的百变观演空间，使之既能举行超大型庆典、演唱会，又能举办篮球比赛、冰上表演甚至冰球比赛。舞台可以根据演出内容在大小、形态，甚至在360度空间中进行三维组合，给出无限的舞台设计空间和艺术创意、想象空间，这样的设计为国内首创。同时约2万平方米集购物、娱乐、餐饮、休闲于一体的互动体验式综合零售商业区、全天候真冰溜冰场、定位奢华的五星级连锁影城也一应俱全。在2010年世博会期间，世博会开闭幕式以及200多场大型文化演艺活动在此举办，观众累计超过200万人次。

梅赛德斯-奔驰文化中心采用多项环保节能技术，注重可再生材料的使用，其目标是成为"绿色生态建筑"。其秉承"引领时尚生活新潮流"的创新宗旨，由上海东方明珠集团公司、美国AEG体育娱乐集团、NBA中国三方强强合作，以国际化全局视野臻于打造"永不落幕的城市舞台"，致力于成为亚洲首屈一指的演出、体育及文化集聚地。

9.南码头滨江文化体育休闲园

南码头滨江文化体育休闲园，位于浦明路1888号，占地17万平方米，总建筑面积3万平方米。南码头滨江文化体育休闲园主要包括亲水码头、中心绿地和欧典广场三块活动场地，配套设施有艾福敦酒店和东江高尔夫俱乐部等。艾福敦酒店是一家适宜度假、休闲娱乐和商务活动的城市花园滨江酒店，东江高尔夫俱乐部拥有标准的练习球道，切、推杆果岭和沙坑练习也一应俱全。

南码头，原中华南栈码头，位于黄浦江东岸，岸线长约440米，原是上海港煤炭装卸码头，由刘鸿生于1921年收买怡和洋行的董家渡码头南部及亚细亚火油码头改建而成。刘鸿生（1888—1956年），中国近代著名爱国实业家，以经营开滦煤炭起家，后将资本投资火柴、水泥、毛织等业，经营领域遍布轻重工业、运输业、商业和金融业，创立了近代中国数一数二的民族企业集团，被誉为中国的"煤炭大王"、"火柴大王"。早在1918年，刘鸿生就在浦东经营码头堆栈业务。他先后在浦东周家渡等地创办章华毛绒纺织厂、上海水泥公司、鸿生火柴公司、华丰搪瓷厂。1930年合并燮昌、鸿生、中华三家火柴公司为大中华火柴公司，年产量占当时全国火柴产量的四分之一，成为中国的"火柴大王"。他生产的大中华牌火柴通过竞争，把雄踞中国火柴市场多年的日

黄德奎／摄影

本猴子牌火柴赶出了中国市场。1931年"九·一八事变"之后，刘鸿生又把浦东章华厂生产的毛哔叽和薄花呢用"九一八"为商标，主张提倡国货，抵制日货，受到国人的好评。"八·一三"淞沪抗战，刘鸿生毅然担当起中国红十字会总会副会长、上海市伤兵救济委员会会长和上海市抗日救国物资供应委员会总干事的重任，并积极动员子女参加淞沪抗战爱国后援工作。中华人民共和国建立后，刘鸿生历任上海市人民政府委员、华东军政委员会委员、第一届全国人民代表大会代表、中国人民政治协商会议第二届全国委员会委员、中国民主建国会中央常委暨上海市委副主任委员、中华全国工商业联合会常委暨上海市工商业联合会副主任委员等职。

10.老白渡滨江绿地
（原老白渡码头）

　　老白渡滨江绿地，北起张杨路，南至塘桥新路，总占地面积8.9万平方米，由原上海港最大的煤炭装卸专业企业上海港煤炭装卸公司的老白渡码头（上港七区）和上海第二十七棉纺厂的江边地域改建而成，是一个集休闲、创意、展览等于一体的公共文化艺术空间。

　　老白渡滨江绿地一期保留了系缆桩、高架运煤廊道、煤仓、链斗式连续卸船机、起重机轨道及部分棉纺厂烟囱等实物，利用基地废旧材料再造了坐凳、花箱、广场等设施。这些码头遗迹和工业文化元素的保留和重塑，延续了历史的文脉，使人们自然地与历史进行着交流与互动。绿地二期工程对煤仓、高架运煤廊道及周边景观进行了新一轮改造，在充分体现原有工业结构形式的基础上，赋予其新的功能定位。煤仓改造为当代艺术展示空间，廊道在原结构上加建空中步道，增加配套设施，引入一批特色文化、艺术类项目，优化滨水空间。

　　在浦东历史上，众多的码头、渡口中知晓度最高的要数历史悠久的老白渡。1808年，官府在黄浦江支流之一的俞家浜入口处设立名为"万安渡"的民渡，让"划子船"往来于浦江两岸。万安渡对岸，是商贸繁盛的上海县老城厢。优越的地理位置吸引了众多过江客商，万安渡成为

清代黄浦江东岸的八长渡之一。由于其设置时间较早，渡口就被习称为"老摆渡"。1907年，渡口被日本的日清公司控制，设小火轮摆渡。由于贫民、小摊贩可不付铜板，挤在甲板上或船梢头跟随人流过江，日久，"老摆渡"又被称为"老白渡"，并演变为一个正式的地名。1937年12月，日军侵入上海。老白渡一带被划为清乡区，码头被日军占为军用码头，渡口停航，商店关闭或他迁，集镇全面冷落。解放初，老白渡码头划拨上海煤炭装卸公司使用。距老白渡北街不远处，又新建了名为"老白渡路"的道路。

黄德奎／摄影

黄德奎／摄影

黄德奎／摄影

九

摩天览胜
时代华章

1.陆家嘴金融贸易区

　　陆家嘴金融贸易区，隔黄浦江与外滩相望，面积约28平方千米。作为首个国家级金融贸易区和新时期国家级战略经济带"长江经济带"的两大金融核心区（上海陆家嘴、重庆江北嘴）之一，它是中国改革开放的象征。陆家嘴是众多跨国银行的大中华区及东亚总部所在地，集聚着5500余家各类金融机构，其中大量是民营和外资企业。2005年8月10日，中国人民银行上海总部在陆家嘴中心区域正式挂牌成立，主要承担中央银行公开市场操作、金融市场监测、金融信息分析研究、金融产品研发和交易、区域金融合作等职责。设立央行上海总部，有助于通过贴近金融市场一线的优势，推动金融产品创新和金融市场发展，扩大上海金融市场对国内金融业乃至亚太地区金融的整体影响力，从而加快上海国际金融中心的建设。

　　陆家嘴金融城的高含"金"量，用数字解读一目了然：作为上海最主要的CBD，至今建设完成商办楼宇228幢，建筑面积约1286万平方米；已成为上海建设金融中心的主要核心区，集聚了"银证保"持牌类机构800多家，总部机构93个；同时是中国高端财富聚集地，亿元以上税收楼宇有93幢。竖看是一幢幢摩天楼，横过来看每幢楼是一条金融街。有50万人在陆家嘴金融城工作，其中金融从业人员达22万。

陆家嘴中心区45幢超高层建筑环绕四周，气度不凡。大楼上那些在全球金融界响当当的标识一眼就能辨认：工农中建交五大行，招商、华夏、上海、民生等股份制银行，花旗、汇丰、恒生、东亚等外资行，国寿、平安、太保、太平等保险巨头，以及散落在国金、金茂、环球等楼里的证券公司、基金公司等诸多金融机构。金融功能在此高度汇集，仿佛能听到上海国际金融中心跳动的脉搏。

同时，陆家嘴金融城还集聚了上海证券交易所、上海期货交易所、上海金融期货交易所、上海石油交易所等13个功能性要素市场。目前，上海是国际上少数几个金融市场种类比较齐全的金融中心城市之一。其中，上海证券市场股票交易额、筹资总额、总市值在全球名列前茅，上海黄金交易所交易量连续十年位居全球场内黄金现货场所之首。上海期交所螺纹钢、白银、铜、锌、天然橡胶、锡、镍、热轧卷板、石油沥青和线材等成交量排名同品种全球第一；黄金和铝排名全球同品种第二；铅排名全球同品种第三。

上海人喜欢把黄浦江弯进去的地块叫"湾"，突出来的地块叫"嘴"，从高处看，陆家嘴的地区更像鹅鼻嘴，由于明朝著名学者陆深曾在此居住，且陆姓居民较多，人们后来称之为陆家嘴。

1990年4月18日，中国政府正式宣布开发开放浦东。1991年2月18日，农历大年初四上午，邓小平兴致勃勃地登上了新锦江大酒店41层的旋转餐厅，一边透过明亮的玻璃窗眺望上海，一边嘱咐身旁的朱镕基市长："金融很重要，是现代经济的核心。金融搞好了，一着棋活，全盘皆活。上海过去是金融中心，是货币自由兑换的地方，今后也要这样搞。中国在金融方面取得国际地位，首先要靠上海。那要好多年以后，但现在就要做起。"这是邓小平对百年中国金融史的一个高度概括，也是对上海建设成为国际金融中心的一个历史重托。浦东新区经过二十多年的开发开放，已成为上海新兴高科技产业和现代工业基地。越来越多的跨国公司地区总

视觉中国／供图

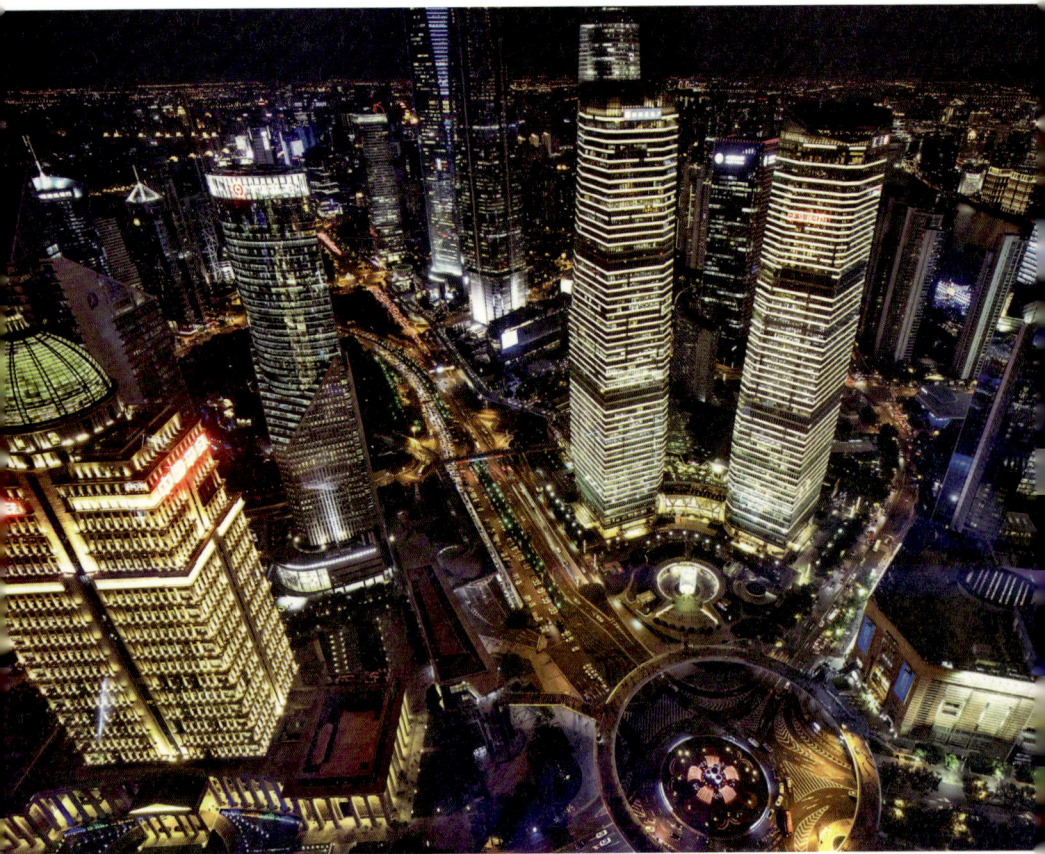

视觉中国／供图

部、投资公司、中外金融机构、全国各地办事机构以及各类
企业、中介机构和服务公司纷纷入驻陆家嘴地区。

2013年8月22日，国务院又正式批准在浦东设立了中国
（上海）自由贸易试验区，并于9月29日正式挂牌。2014年
12月，上海自贸区由原先的28.78平方千米扩至120.72平方千
米。范围涵盖外高桥保税区、外高桥保税物流园区、洋山保
税港区、浦东机场综合保税区4个海关特殊监管区域和金桥开
发片区、张江高科技片区和陆家嘴金融片区等3个区域。

在打造陆家嘴金融中心的同时，上海也因地制宜、因人
制宜地建设一系列复合型的卓越文化空间，推动浦东新区陆
家嘴金融贸易区逐渐向文化—金融复合型的功能区域转变。
陆家嘴的核心区域5.96平方千米内，不断建设和完善高层
次、高品位的陆家嘴现代文化、艺术、科普、娱乐项目，如
国家5A级旅游景区东方明珠广播电视塔，上海迄今规模最大
的开放式草坪陆家嘴中心绿地，集游览观赏、科普教育于一
体的国内首家活体昆虫展示馆上海大自然野生昆虫馆等。如
今，以东方明珠—世纪大道—东方艺术中心—上海科技馆—
世纪广场为主轴线，艺术机构、电影院、演艺剧场、会议展
览中心、公共艺术等各种文化配套网点覆盖面进一步扩大。

今天的"上海之巅"在浦东陆家嘴——632米的上海中
心，日伴浮云，夜揽星辉。而30年前陆家嘴"第一高度"，
竟然是仅25米高的东昌消防队瞭望塔，门牌"浦东南路807
号"。改革开放前，站在外滩看浦东，是一片萧瑟景象；改革
开放以来，尤其是1990年浦东开发开放以来，至20世纪末，
就有200余幢高层建筑在小陆家嘴地区拔地而起，超高层建筑
的密集程度更是罕见。如今的陆家嘴金融贸易区以东方明珠

广播电视塔、上海国际会议中心、金茂大厦、上海环球金融中心和上海中心为核心办公楼区，200米以上高楼就有22座，其中300米以上的超高层建筑4座，集文化、金融、商贸、餐饮、休闲观光、现代化生活设施于一体，成为中国改革开放的窗口和中外游客的游览观光胜地。

视觉中国／供图

2.东方明珠广播电视塔

东方明珠广播电视塔，位于世纪大道1号，1994年11月8日建成，建筑面积近7万平方米，高468米，曾为亚洲第一、世界第三高塔，国家5A级旅游景区，集观光、展览、餐饮和广播电视发射为一体，是上海城市的标志性建筑之一。

东方明珠广播电视塔由3根直径为9米的擎天立柱和太空舱、上球体、下球体、8个小球体（3根斜柱上3个球，3根立柱间5个球）等11个球体组成，11个大小不一、高低错落的球体从空中串联到如茵的绿草地上，构成了唐代诗人白居易笔下"大珠小珠落玉盘"的绝妙意境。

下球体是一个直径50米的巨型钢结构球，这里有太空电子游乐城，在离地面90米高度处，设有观光走廊，可以环视周围景观。中间一个大球叫上球体，直径45米，内分9层，其中6层为广播电视的发射机房，3层为观光层。上观光层位于263米处，观光平台可容纳1600人。在267米处设有可容纳350人同时用餐的旋转餐厅，这里是俯瞰全市景色的绝佳处。在259米处有一个周长150米、宽2.1米的环形透明悬空观光廊，可让人体验云中漫步的奇妙感觉。最上方的一个球体叫太空舱，其直径16米，分为339米下层观光平台和351米上层观光平台。339米的"未来访客"展示区域，将浩瀚宇宙进行可视化模拟，游客可以跟随导游小姐身临其境地体验宇宙穿梭和探险。351米上层观光平台融入高科技元素还原了"太空舱"本身的寓意，以崭新的未来主义风格与明亮的环境设计表现太空，展现轻盈和未来感的体验。通过发光玻璃楼梯连接两个不同的空间，引导游客从一个神秘莫测的太空环境走向另一个漂浮在天际的太空瞭望层。太空舱设有上海国际友好城市礼品展，从中可以了解各国的文化。

东方明珠广播电视塔的灯光采用立体照明系统，在电脑的控制下，可根据天气的变化自动调节，产生一千多种的灯光变化。

上海城市历史发展陈列馆，设在东方明珠广播电视塔底层大厅。它以建筑的形态和场景的形式，展示了上海的历史变迁。陈列馆面积约10000平方米，集文化、历史、旅游、娱乐于一体，颇具创新理念。整个陈列馆

分为车马春秋、华亭溯源、城厢风貌、开埠掠影、十里洋场、海上旧踪和建筑博览七个部分，单独对游客开放。

视觉中国／供图

视觉中国／供图

3.金茂大厦

金茂大厦，位于世纪大道88号，楼高420.5米，1999年8月28日正式开业，总建筑面积为29万平方米。

金茂大厦的外观造型宛如修长精美的密檐式宝塔，蕴含着中国传统文化的意蕴；又似一把淡蓝色的宝剑，直冲云霄，透露着蓬勃向上、锐意进取的豪情；主楼和裙楼又如一支参天巨笔和一本打开的书，书写着浦东改革开放的灿烂篇章。

金茂大厦的外墙系统采用了双层镀膜玻璃，能反射出紫外线、红外线等多余光线，避免了高层建筑产生光污染的问题。顶部的装饰设计成市花白玉兰的形状。

金茂大厦主楼88层，地下3层。88层是观光厅，离地面高度为340.1米，层高6米，面积1520平方米，为国家4A级旅游景区。

金茂大厦有一个被称作"银天金地"的中庭。从56层到楼顶，直径27米，高152米，由28道环形灯廊组成，层层叠叠，流光溢彩，整个空间金碧辉煌，如梦似幻，恍若进入了"时光隧道"。以"浪费"巨大的建筑空间为代价，构造气势恢宏的中庭，这种设计构思在国际上是很奇特、很罕见的，所以被誉为"世界奇观"。

金茂大厦集现代科学技术与中外文化之大成，达到四个世界一流，即设计思想一流、科技含量一流、文化品位一流、建筑质量一流，曾荣获"新中国50年上海经典建筑金奖"。如金茂大厦首次采用了国际超高层建筑史上的最新技术，整幢大楼垂直偏差仅2厘米，保证在12级台风下不倒；同时能抗7级以上的大地震，大厦的顶部晃动不到半米，这在世界超高层建筑营造中是十分出色的。

视觉中国／供图

视觉中国／供图

视觉中国／供图

4.上海环球金融中心

上海环球金融中心，位于世纪大道100号，高492米，地上101层，地下3层。2008年8月30日正式竣工。外观造型简约流畅，为目前世界上最高的平顶式大楼，顶部设计了一个倒梯形的风洞，在陆家嘴林立的高楼中独具一格。

上海环球金融中心的94至100层为观光层。94层为观光大厅，位于423米。大厅面积为750平方米，室内净高8米，采用无廊柱空间设计。97层为观光天桥，位于439米。其开放式的玻璃顶棚可视天气情况向两边滑动打开，引入新鲜空气，蓝天白云触手可及，徜徉其上，犹如天庭漫步。100层为观光天阁，距地面474米，是目前世界上最高的观光设施。55米长的观光天阁，其一部分地板由玻璃组成，便于俯瞰脚底的美景。观光天阁现为国家4A级旅游景区。

环球金融中心在建造过程中，还创造了多个"国内之首"：国内首次运用工程质量远程验收系统，在办公室轻点鼠标，楼体上小到钢结构焊缝都能清晰可见；国内首次在450米的垂直竖井内进行电缆敷设；首次采用工厂拼装、现场预留管口对接的整体卫生间施工工艺，使安装和拆卸非常方便。为提高遭遇强风时大楼内使用环境的舒适性，上海环球金融中心在90层处安装了2台风阻尼器，每台重150吨，用来抑制建筑物由于强风而引起的摇晃，这是中国大陆地区首座使用风阻尼器装置的超高层建筑。

视觉中国／供图

5.上海中心大厦

上海中心大厦，位于银城中路501号，高632米，地上127层，地下5层，其中118层和119层是主要的观光层。2016年3月竣工。作为陆家嘴核心区超高层建筑群的收官之作，上海中心大厦是上海建筑高度最高、单体最大的商务楼宇，集办公、酒店、会展、商业、观光等功能于一体。整幢大楼共有24个空中花园，在37层有世界上最高的空中花园——"半亩园"和观复艺术博物馆，以及世界上面积最大、最为昂贵的景泰蓝地坪等，使得中国江南水乡的园林，在今天的国际大都市金融中心呈现出凌空飞架的奇妙景观，成为中外游客体验上海国际大都市风采的一个绝妙去处。

上海中心大厦造型别致，建筑表面的开口由底部旋转贯穿至顶部，有两个玻璃正面，一内一外，主体形状为内圆外三角。形象地说，就是一个管子外面套着另一个管子。玻璃正面之间的空间在0.9米到10米之间，为空中大厅提供空间，同时充当一个类似热水瓶的隔热层，降低整座大楼的供暖和冷气需求。大厦建筑外观呈螺旋式上升，外形好似一个吉他拨片，随着高度的升高，每层扭曲近1度，形成了独特优美的流线型玻璃晶体，体现了现代中国蓬勃的生机。

作为上海的新地标，上海中心大厦与东方明珠电视塔等其他陆家嘴标志性建筑一道，共同勾勒出优美的城市天际线，展现浦东改革开放的成果和陆家嘴金融贸易区的时代风貌。

视觉中国／供图

视觉中国／供图

6.上海国际会议中心

上海国际会议中心，位于滨江大道2727号，1999年5月建成，是上海标志性建筑之一。

上海国际会议中心的标志是两个巨大的球体建筑，球体表面的世界地图是用透明的夹胶玻璃一片一片拼装而成。西侧的球体直径38米，面对外滩一面用红色标出一块中国地图形状，其中五星代表北京，圆点代表上海。东侧的球体直径为46.5米。中间的主楼好似连结两个球体的纬线，寓意着国际会议中心是通向世界的桥梁，也象征着上海人民广阔的胸怀和美好的愿望——"让上海了解世界，让世界了解上海"。两个球体内以配套设施为主，设有餐厅、咖啡厅、游泳池、休息厅。

上海国际会议中心由现代化的会议场馆、五星级的豪华酒店、休闲娱乐场所以及地下停车场等组成。面积达4400平方米的无柱型宴会厅、5米高1吨重但用手指轻轻一推就能开启的宴会厅大门、沿江80米长的观光长廊、25只每只重达8吨的花岗石柱帽、6000平方米的微晶板幕墙以及悬挂在31米高处面积达800平方米的大玻璃，是国际会议中心引以为自豪的6个"上海第一"。众多独特的设计，使得国际会议中心当之无愧地被评选为新中国50年上海十大经典建筑之一。

上海国际会议中心建成以来，出色地完成了诸多国际性重大会议的接

待工作，在国内外享有盛誉。如1999年9月举行的'99《财富》全球论坛上海年会、2001年10月举行的亚太经济合作组织（APEC）会议、2004年5月全球扶贫大会和2006年上海合作组织的峰会都在此举行。此外，首届上海国际艺术节、第四、第七届上海国际电影节等重大活动也都在这里举行。

视觉中国／供图

7.陆家嘴滨江大道

　　浦东陆家嘴滨江大道，南起东昌路轮渡码头，沿黄浦江东岸，经上海国际会议中心折向东至泰同栈码头。它由亲水平台、坡地绿化、半地下厢体及景观道路等组成，全长2500米左右，是集观光、防洪、绿化、交通及服务设施为一体、着眼于城市生态和功能的沿江景观工程。它犹如一条彩带飘落在黄浦江的东岸，被人们誉为浦东的新外滩。

　　"滨江大道"四个大字，由上海著名画家、百岁老人朱屺瞻所书。主要景点有三泉嬉珠、欢乐广场、听涛观景、天地归一、宁静致远、情人低语、抚今思昔、百岁贺新、飞虹佳景等。"听涛观景"为游客提供了一个与母亲河亲近的环境，标高4至4.5米的亲水平台，与黄浦江潮水3.1米高度仅差1米左右。每年汛期，潮水和平台更接近，这里是上海最亲近水的游览景点。"抚今思昔"位于滨江大道的南端，标牌下置放着4米多高的铁锚，此处原为立新船厂的码头。这只曾漂游过五大洲四大洋、历经了历史沧桑的巨型铁锚，表达了创业者的艰辛和对今天美好生活的讴歌。在巨型铁锚旁，有一只长50厘米、高20厘米的用大理石做成的船，上面放置着一块花岗石。它就是19世纪中叶从中国带到檀香山的压舱石，代表着中美贸易源远流长，象征两国人民的友谊和海外华侨热爱祖国之心。这块压舱石是1998年4月美国马里兰州"巴尔的摩之傲2号"快帆船访问浦东滨江大道时，由船长和全体船员赠送给上海市慈善基金会的。

黄德奎／摄影

8.上海船厂滨江绿地
（原上海船厂浦东厂区）

上海船厂滨江绿地，由原上海船厂浦东厂区改建而成，东至东方路，西至浦东南路，南至陆家嘴金融城二期开发地块，北至黄浦江，沿江岸线总长1300米，总面积12.2万平方米，由亲水平台、观景步道、欢庆广场、游艇港池、屋顶花园、休闲娱乐场所等组成，建成于2010年4月。绿地改建注重工业文化元素，保留了船台、缆桩、起重机轨道、码头、泵站等原貌，并结合船厂旧址，新建了张拉膜亭、钢桥、船锚等景观，体现了历史文脉的延伸。

2005年，上海船厂整体搬迁至崇明后，船厂原址上长长的船台和最靠近浦江的老厂房作为历史遗迹保留了下来。

老厂房的改造请来了日本建筑大师隈研吾。老厂房尽可能地保留原样，通过加层让空间得以有效利用，最终形成一个中型剧场和约16000平方米的商场。老旧的蒸汽管道被改造成剧场里的空调送风管，废弃的材料被设计成装饰物和标识。即使是新建的电梯，也采用了氧化铁材料，制造老旧感。东西两个外立面，是用钢丝串起的陶土砖，古朴而有温度。那些曲折的烟囱、几何线条的支架全都保留了下来。

老厂房剧院的改造，则请来了作曲家谭盾和艺术家米丘担任顾问。

虽然身处古老空间，这座剧院仍需要现代剧场应有的现代舞台和灯光，需要满足苛刻的声学要求。改建后，剧场两层看台加上第三层的VIP包厢，总共可以容纳800至1000人。一层座椅全都可以移动，让空间变得更加灵活，适合于不同的演出形式。舞台被划分成9块，均可升降。当然，谭盾更着眼于老厂房剧院的个性，尤其珍视室内剧场空间与室外黄浦江以及绿地的对话，希望能为观众提供独一无二的剧场体验。

如今，"船厂1862"老厂房剧院改造完成。斑驳的红砖墙，巨大的布满铁锈的蒸汽管道，裸露在外的横梁和立柱，构成了一个充满历史感和工业感的空间。这里的舞台背景是可电动开启的玻璃隔音门，将它打开，可以听到船厂绿地的鸟鸣声和江上的汽笛声。坐在观众席，可以想象演员们从室外走进来，伴随一阵轻轻的江风，好戏开场了……

上海船厂的前身是英商英联船厂和招商局机器造船厂。

英联船厂是由祥生船厂、耶松船厂和董家渡船坞等厂坞经过多次兼并和合并而成的。1862年，英商尼柯逊、包义德在上海浦东陆家嘴开设祥生船厂，建厂初期制造军火，后来修造船舶，曾为清政府建造过2艘浮江炮艇及其他船舶。19世纪70年代，祥生船厂兼并了虹口的新船坞及浦东炼铁机器厂，并于1891年改组为股份有限公司。太平洋战争爆发后，日军曾接管英联船厂。抗日战争胜利后，国民政府接管英联船厂，将之归还英商，并恢复原来的厂名。1952年8月15日，上海市军事管制委员会宣布征用英联船厂，改名"军管英联船厂"；后又经归并，1985年3月，改名为上海船厂。

2005年5月浦东陆家嘴地区的厂区全部搬迁至崇明岛南岸新建成的造修船基地，以船舶、海洋工程设计建造和钢结构生产为主体。主要产品有集装箱船、多用途船、重吊船、散货船、冷藏船、海洋救助船、钻井平台、钻井船、物探船、钻井驳船、海洋工程辅助船等。

黄德奎／摄影

9.上海民生滨江文化城
（原民生码头）

上海民生滨江文化城，位于浦东新区民生路3号，即原民生码头。地块东起洋泾港，南靠滨江路，西至民生路，北临黄浦江。总占地面积约10万平方米，拥有12幢建筑体，面积约13万平方米。随着滨江岸线产业转型，工业时代的繁华褪去，民生码头渐渐沉寂。老旧孤独的仓储库房寂静守立江畔，没了当年的辉煌，却多了份历史的沉淀和沧桑。30个大筒组成长140米、高55米连续而厚重的立面，气势磅礴。残破的玻璃窗，斑驳的水泥砖墙，生锈废弃的铁门，有韵律感的圆形空间，令人震撼的工业遗存之美已列入上海市老建筑风貌重点保护区。作为黄浦江两岸45公里岸线公共空间贯通的重要节点，民生码头通过整体改造，重焕生机，构筑开放空间，成为浦东文化艺术的新地标。

从粮仓转型为展场，8万吨筒仓经改造完成功能转换。由于筒仓层高太高，建筑师便在筒仓外立面加装了外挂自动扶梯，方便参观者上下。扶梯外形轻盈简约，与周边建筑融为一体，人们可乘坐扶梯一览黄浦江风景。在后期改造中，江边直上筒仓三层的粮食传送带将被改造为自动人行坡道，从而建起一个从江边可直接上至筒仓顶层的公共通廊。

在一期改造工程中，8万吨筒仓已释放出1.3万平方米的室内面积，室

内30个高大的筒仓组合在一起，给人造成强大的视觉冲击。筒仓和北面沿江的257库部分室内空间组成1.6万平方米的展厅，可供200多个参展作品集中展示。2017年10月15日，"2017上海城市空间艺术季"在民生码头8万吨筒仓及周边开放空间开幕。曾为亚洲最大容量的散粮筒仓旧貌换新颜，成为上海城市空间艺术季主展场，标志着这一座承载着众多上海人记忆的工业遗存，经过精心改造后正式对外开放。

民生码头，旧称英商蓝烟囱码头，东起洋泾港，西至民生路，整片区域拥有740米长一线滨江岸线，共有四个万吨级泊位，是上海港散粮、散糖装卸专业码头。1890年，德国商人在此地设立了瑞记洋油栈码头。1902年，英商投资的太古轮船公司组建了蓝烟囱轮船公司。公司成立后不久，就在现浦东洋泾港与民生路之间的江边购得土地，着手重建码头。蓝烟囱码头1、2泊位建于1908年，3、4泊位建于1924年，当时称为远东最先进的码头。由于该公司船队的烟囱统一漆成蓝色，"蓝烟囱"不仅作为公司的名称，也作为兴建的码头的名称。

蓝烟囱码头的建造采用了当时最先进的码头仓库技术，不仅安装有

轨道移动式吊车，而且建有危险品仓库，用以储存军火，成为上海港第一座危险品专用仓库。码头建成后被公认为上海地区规模最大、设备最先进的码头，也被称为远东首屈一指的新型码头。其闻名于世的主要原因：一是规模大，码头全长750米，可同时停泊万吨级远洋船4艘；二是结构先进，全部是钢筋混凝土固定结构，不设栈桥，前后连成一片；三是仓库设施先进，用英国进口的钢筋、水泥建造的11座仓库中有2座为4层仓库，配有上海最早使用的仓库升降机及先进的防火防爆设施。

抗日战争时期曾改名为八洲码头，抗日战争胜利后恢复原名。1953年码头回到中国怀抱，次年更名为民生码头。自1973年5月开始，经过多次改造，民生码头成为上海地区唯一的散粮、散糖专业化码头，其装卸工艺也达到国际先进水平，成为全国水路系统专业化程度最高的专用码头。1975年民生码头建造容积5.1万立方米的大型圆筒仓，即四万吨筒仓，实现了散粮作业机械化。1995年新建八万吨筒仓，成为当时亚洲最大容量的散粮筒仓。

后 记

　　潮起云涌，在党的十九大指引旅游业发展新方略之际，在上海黄浦江两岸公共空间贯通开放之际，经过一年的艰苦奋战，我局组织专家力量汇编的《黄浦江水岸旅游导览》得以付梓。

　　本书的编写框架主要是依据"黄浦江两岸公共空间贯通开放概念方案"和"黄浦江游览水陆联动方案"确定的。全书选编黄浦江水岸75处标志性景观、景区（含外滩、上海西岸、三林、世博地区和陆家嘴金融贸易区等5个区域）的内容，以相关名人轶事为衬托，突出其历史文化背景，展示上海国际经济、金融、贸易、航运中心建设和市民休闲的"百年风云"浦江画廊特质。全书共分9个部分，上海概况、黄浦江游览、黄浦江两岸公共空间3个部分单列置前，其余部分编排顺序按先浦西后浦东，先从黄浦江下游的复兴岛逆流而上至徐浦大桥后再折返至杨浦大桥依次展开，其中所选及的大桥、隧道等按其所处位置顺次编入。

　　截至本书出版之际，上海市旅游局先后组织专家与业内人士召开研讨会、读稿会和编审会10余次，实地查勘黄浦江两岸旅游资源、走访游船与航运部门负责人20余次、调研水岸旅游景观涉及的相关单位40余家。编写组专家们的足迹踏遍了黄浦江两岸5个行政区共约500公顷的在建公共空间，采访座谈、录像摄影，深入查询各类文史档案、图书、媒体网站等，梳理收集各类资料累计60余万字，力求编写工作尽可能严谨周详、与时俱进。在此对所有参与本书编写的专家、学者和工作人员致以诚挚的谢意！

《黄浦江水岸旅游导览》的编写也得到了沿江的浦东新区、黄浦、徐汇、杨浦、虹口等5个区旅游管理部门和相关企事业单位的大力支持。本书编写过程中参阅了上海市地方志、有关区县地方志、同类书籍报刊、上海档案信息网、东方网和相关景观、景区（点）官方网站等媒体资料，在此一并致谢。囿于时间、篇幅和编写水平，书中难免存在不完善之处，尚祈专家和读者批评指正。

2017年11月

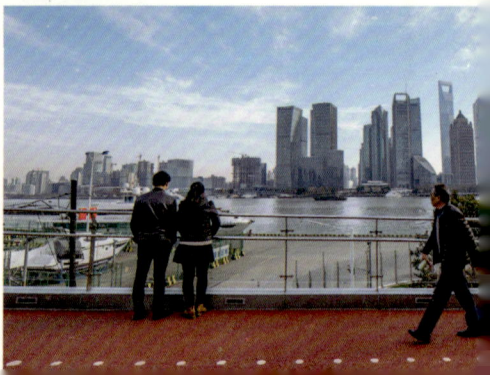